# SK하이닉스

## 온라인 필기시험
## 봉투모의고사

/

## 1회

박문각

# 제1회 모의고사

| 언어표현 | 30문항 / 3분 | |
|---|---|---|
| 언어이해 | 20문항 / 7분 | 100문항 / 35분 |
| 창의수리 | 30문항 / 15분 | |
| 자료해석 | 20문항 / 10분 | |

**언어표현** | 30문항을 3분 동안 푸시오.

**01** 다음에 제시된 단어와 같거나 유사한 의미를 지닌 단어는?

> 실마리

① 실타래             ② 명분
③ 실리               ④ 증거
⑤ 단서

**02** 다음에 제시된 단어와 같거나 유사한 의미를 지닌 단어는?

> 무시하다

① 우대하다         ② 나무라다
③ 침묵하다         ④ 참견하다
⑤ 업신여기다

**03** 다음에 제시된 단어와 같거나 유사한 의미를 지닌 단어는?

> 달성

① 성취              ② 목표
③ 결과              ④ 결성
⑤ 과정

www.pmg.co.kr

**04**  다음에 제시된 단어와 같거나 유사한 의미를 지닌 단어는?

| 독점 |
|---|

① 과점                          ② 소유
③ 공유                          ④ 통치
⑤ 전유


**05**  다음에 제시된 단어와 반대의 의미를 지닌 단어는?

| 반항 |
|---|

① 침착                          ② 항의
③ 반대                          ④ 굴욕
⑤ 복종


**06**  다음에 제시된 단어와 반대의 의미를 지닌 단어는?

| 찰나 |
|---|

① 세월                          ② 영겁
③ 현상                          ④ 시간
⑤ 희미


**07**  다음에 제시된 단어와 반대의 의미를 지닌 단어는?

| 촉진 |
|---|

① 촉발                          ② 억제
③ 추진                          ④ 부가
⑤ 지지

**08** 다음에 제시된 단어와 반대의 의미를 지닌 단어는?

| 유약하다 |
|---|

① 강건하다                    ② 교만하다
③ 거만하다                    ④ 박약하다
⑤ 부족하다

**09** 단어의 관계가 나머지 넷과 다른 하나는?
① 천연 : 인조                 ② 치욕 : 영예
③ 손해 : 이익                 ④ 건조 : 다습
⑤ 실망 : 낙담

**10** 다음 중 유의어 관계가 아닌 것은?
① 낙천적 : 염세적             ② 비방 : 비난
③ 병존 : 양립                 ④ 단점 : 결점
⑤ 냉소 : 조소

**11** 다음 중 반의어 관계가 아닌 것은?
① 초름하다 : 넉넉하다          ② 풍족하다 : 충분하다
③ 순풍 : 역풍                 ④ 푼푼하다 : 모자라다
⑤ 짙다 : 옅다

**12** 다음 중 단어와 그 의미가 바르게 연결되지 않은 것은?

① 고즈넉이 - 고요하고 아늑한 상태로

② 시나브로 - 모르는 사이에 조금씩 조금씩

③ 의뭉하다 - 얌전하고 의젓하다.

④ 조아리다 - 상대편에게 존경의 뜻을 보이거나 애원하느라고 이마가 바닥에 닿을 정도로 머리를 자꾸 숙이다.

⑤ 얄팍하다 - 두께가 얇다. 생각이 깊이가 없다.


**13** 다음 중 단어와 그 의미가 바르게 연결되지 않은 것은?

① 자투리 - 팔거나 재단하다가 남은 천 조각 또는 어떤 기준에 미치지 못할 정도로 작은 조각

② 화수분 - 아무리 써도 재물이 줄지 않고 계속 나오는 보물단지

③ 잡도리 - 잘못되지 않도록 엄하게 단속함

④ 짬짜미 - 값을 깎는 일

⑤ 바투 - 두 대상 물체의 사이가 썩 가깝게


**14** 다음 밑줄 친 어구의 의미를 바르게 풀이한 것은?

| 종이를 <u>모로</u> 자르도록 해. |
| --- |

① 네모로              ② 모나게

③ 세모로              ④ 직선으로

⑤ 대각선으로


**15** 다음 밑줄 친 어구의 의미를 바르게 풀이한 것은?

| 그 아이의 행동이 <u>무람없더라도</u> 당황해하지 마세요. |
| --- |

① 시끄럽고 주의가 산만하다.

② 예의를 지키지 않고 버릇이 없다.

③ 지나치게 모질고 악착스럽다.

④ 갑작스럽고 엉뚱하다.

⑤ 심술 맞은 데가 있다.

**16** 다음 밑줄 친 단어와 같은 의미로 사용된 것은?

> 사소한 일에도 신경이 <u>간다</u>.

① 친구들 사이에서 시비가 오고 <u>간다</u>.
② 그 남자에게 호감이 <u>간다</u>.
③ 모든 재산은 장남에게 <u>갔다</u>.
④ 하반기 인사 발령으로 다른 팀으로 <u>가게</u> 되었다.
⑤ 영화 시사회에 <u>갔다</u>.

**17** 다음 밑줄 친 단어와 같은 의미로 사용된 것은?

> 그 일은 내 <u>손</u>을 벗어났다.

① 바쁜 때라 <u>손</u>이 부족하다.
② 나는 <u>손</u>에 항상 반지를 끼고 다닌다.
③ 그 일은 결과에 비해 <u>손</u>이 많이 간다.
④ 그는 어렸을 때부터 할머니 <u>손</u>에서 자랐다.
⑤ 범인은 경찰의 <u>손</u>이 미치지 않는 곳으로 도망간 뒤였다.

**18** 다음 중 나이를 뜻하는 말과 연결이 잘못된 것은?
① 지천명(知天命)-50세
② 불혹(不惑)-40세
③ 이립(而立)-20세
④ 이순(耳順)-60세
⑤ 고희(古稀)-70세

**19** 다음 빈칸에 들어가기에 적절한 말을 차례대로 나열한 것은?

> • 민요는 우리가 (       )해야 할 문화유산이다.
> • 우리나라 대중가요는 이제 '케이팝'이라는 이름으로 세계에 (       )됐다.
> • 우리나라 불교는 백제를 통해 일본에 (       )됐다.

① 전파, 전승, 전래
② 전승, 전파, 전래
③ 전승, 전승, 전래
④ 전파, 전파, 전승
⑤ 전래, 전승, 전파

**20** 다음 빈칸에 들어가기에 적절한 말을 차례대로 나열한 것은?

---
• 손님이 (　　　) 붐빌 시간이다.

• 날씨 때문인지 (　　　)이나 손님이 들지 않고 있다.

• 그는 (　　　) 망설이더니 무겁게 입을 열었다.
---

① 한참, 한창, 한창　　　　　　② 한참, 한참, 한창

③ 한창, 한창, 한참　　　　　　④ 한창, 한참, 한참

⑤ 한창, 한참, 한창

**21** 주어진 단어들의 관계가 제시된 것과 동일한 것은?

---
야당 : 정당
---

① 동전 : 돈　　　　　　　　　② 우기 : 건기

③ 오빠 : 언니　　　　　　　　④ 선거 : 정치인

⑤ 저기압 : 비

**22** 제시된 한 쌍의 단어와 관계가 같아지도록 빈칸에 들어갈 적절한 말을 고르면?

---
톱 : 나무 = 바늘 : (　　　)
---

① 물　　　　　　　　　　　　② 종이

③ 바느질　　　　　　　　　　④ 천

⑤ 실뭉치

**23** 제시된 한 쌍의 단어와 관계가 같아지도록 빈칸에 들어갈 적절한 말을 고르면?

---
병 : 병환 = 나이 : (　　　)
---

① 생일　　　　　　　　　　　② 연세

③ 나잇살　　　　　　　　　　④ 연령

⑤ 생신

**24** 다음 단어들로부터 공통으로 연상되는 것을 고르면?

> 생강   후추   겨자   계피

① 향신료                    ② 강장제
③ 해독제                    ④ 소염제
⑤ 소금

**25** 다음 단어들로부터 공통으로 연상되는 것을 고르면?

> 스크린   농구   25센트

① 영화                    ② 동전
③ 화면                    ④ 쿼터
⑤ 바스켓

**26** 다음 단어들로부터 공통으로 연상되는 것을 고르면?

> 백설공주   신데렐라   콩쥐팥쥐   장화홍련

① 자매                    ② 계모
③ 마차                    ④ 왕자
⑤ 숲

**27** 다음 사자성어의 의미로 적절한 것은?

> 토사구팽(兔死狗烹)

① 불행한 일이 거듭 일어남
② 듣기만 할 뿐 자기 것으로 만들지 못함
③ 뜻을 굽히지 않음
④ 세상일의 어려움
⑤ 필요가 없어지면 야박하게 버림

**28** 다음 사자성어 중 교훈적 의미가 다른 하나는?

① 교주고슬(膠柱鼓瑟)  　　② 낭중지추(囊中之錐)

③ 각주구검(刻舟求劍)  　　④ 수주대토(守株待兔)

⑤ 미생지신(尾生之信)

**29** 다음 중 맞춤법에 맞는 문장은?

① 각별이 주의해 주세요.

② 같은 내용을 계속 보니 실증이 났다.

③ 오랫만에 만나니 반갑구나.

④ 가던지 오던지 마음대로 해.

⑤ 그는 멋쩍은 웃음만 지었다.

**30** 다음 중 의미의 중복이 없고 자연스러운 문장은?

① 골키퍼가 선방을 잘해서 실점을 면하고 위기를 넘겼습니다.

② 산불을 미리 예방하도록 등산객 교육에 나서야 합니다.

③ 대학생들 거의 대부분이 등록금 문제로 고통을 받고 있다.

④ 관심을 끌었던 그 사건은 날조된 조작이었던 것으로 밝혀졌다.

⑤ 경찰이 소굴에 들이닥치자 범인들은 황급히 사방으로 흩어졌다.

**01** 다음 글의 주제로 가장 적절한 것은?

> 근로자가 직업을 바꾸거나 더 좋은 직장을 찾기 위해 일시적으로 실업이 발생할 수 있다. 이러한 형태의 실업은 사회적으로 큰 문제가 되지 않는다. 이와는 달리, 자동화로 인해 인력 수요가 줄어들면서 발생하는 실업이나, 어떤 산업이 사양화되어 그 산업 부문의 일자리가 없어져 발생하는 실업은 경제 상황의 변화 때문에 원하지 않는 실업자가 된다는 점에서 큰 사회 문제가 된다.

① 사회 문제로 떠오르고 있는 실업 문제　　② 실업에 따른 범죄 증가
③ 실업의 두 가지 원인　　④ 더 나은 일자리를 위한 일시적 실업
⑤ 일시적 실업의 장단점

**02** 다음 글의 제목으로 가장 적절한 것은?

> 18세기 시민혁명으로 오늘날과 같은 민주주의가 바로 성립된 것은 아니었다. 18세기 시민혁명을 주도한 세력은 상당한 재산이 있는 부유층 시민이었기 때문이다. 이들은 혁명을 성공시키기 위하여 가난한 시민이나 농민들의 도움이 필요하였기 때문에 겉으로는 평등을 내세웠으나, 구체적이고 실질적인 부분에서는 소시민이나 농민들과 이해관계가 달랐다. 특히 선거권을 허용하는 데 있어서 일정한 재산이 없는 경우에는 선거권을 주지 않는 경우가 많았다. 따라서 오늘날과 같은 보통 선거가 확립되는 데에는 또다시 많은 소시민들의 노력과 시간이 필요하였다.

① 18세기 시민혁명의 목적　　② 18세기 시민혁명의 배경
③ 18세기 시민혁명의 결과　　④ 18세기 시민혁명의 한계
⑤ 18세기 시민혁명의 의의

**03** 다음 글의 주제로 가장 적절한 것은?

> 일본은 역사적·지리적으로 우리와 가장 가까운 이웃이며, 일본어도 역시 우리말에 가장 가까운 외국어라 할 수 있다. 따라서 일본어는 한국인에게 배우기 쉬운 외국어다. 사실 이 두 나라의 말은 놀라울 만큼 닮은 데가 많다. 특히 문법의 구조가 거의 같아서 어순은 물론 조사의 용법도 일치하고 있다. 게다가 양국 공통으로 쓰는 한자어가 어휘의 상당한 비율을 차지하고 있으므로, 우리말과 같은 순서대로 일본어의 단어를 배열해 나가면 대충 말이 통하게 된다.

① 일본어는 한국인이 습득하기 쉬운 언어다.
② 한국인은 반드시 일본어를 익혀야 한다.
③ 한국어는 일본어의 영향을 많이 받아 비슷한 어휘가 많다.
④ 일본은 역사적으로 우리와 적대 국가다.
⑤ 한국어와 일본어의 문법 구조는 중국어와 거의 같다.

**04** 다음 글의 제목으로 가장 적절한 것은?

> 어른들이 아이들에게 새로 산 장난감의 엔진을 어떻게 움직이는지 시범을 보일 때, 아이들은 삶의 기쁨, 발견의 기쁨, 어려움을 극복하는 기쁨을 빼앗기게 된다. 그보다 더 나쁜 것은 어린이들에게 자신은 열등 하니까 어른의 도움에 의지해야 한다고 믿게 만드는 것이다. 어른들과 마찬가지로 어린이들도 자신들이 배우고 싶어 하는 것을 배운다. 상을 주거나 점수를 매기거나 시험을 치르게 하는 이 모든 것들은 아이들 을 인격 발달의 본궤도에서 벗어나게 만든다.

① 자기주도적 학습의 중요성  ② 학습 방법에 대한 학습
③ 감성의 중요성  ④ 전인교육의 중요성
⑤ 의존성이 필요한 이유

**05** 다음 글의 제목으로 가장 적절한 것은?

> 활자로 된 책을 통해 정보를 얻으려면 그것을 읽고 그 개념적 의미를 능동적으로 이해해야 한다. 그만큼 지적 긴장과 시간이 필요하고 따라서 비경제적이다. 그러나 전통적 매체에 의한 정보 전달에 치르는 대 가는 충분히 보상된다. 책을 구성하고 있는 문자 기호의 의미는 영상 매체를 구성하는 기호인 이미지보 다 정확할 수 있다. 또한, 영상 매체의 기호들이 언제나 제한된 공간과 시간에 구속되어 단편적이고 순간 적인 파악을 요청하는 데 반해, 하나의 책에 기록된 기호들은 공식적으로 전체적인 입장에서 포괄적으로 해석될 수 있다. 또한, 시간의 제약 없이 반복적이면서도 반성적으로 해석될 수 있고, 따라서 그만큼 깊은 차원의 정보 전달이 가능하다. 책의 기호적 의미와 그러한 의미에 의한 정보 전달 기능은 그 성격상 어떤 상황에서도 영상 매체를 통한 정보 전달 기능으로 완전히 대체될 수 없다.

① 정보 전달 매체의 변화 과정  ② 인쇄 매체의 경제적 측면
③ 인쇄 매체의 문제점  ④ 영상 매체의 편리성
⑤ 인쇄 매체의 장단점

**06** 다음 글의 내용과 일치하지 않는 것은?

> 은행이나 증권사 등 금융기관의 유인 점포가 수도권에만 남고 농촌 등 비수도권에서는 사라지는 추세가 뚜렷하다. 이러한 현상은 금융기관들이 인건비 및 임대료 절감 등을 위해 점포를 통폐합하고 PC나 스마 트폰 애플리케이션을 통한 금융거래가 증가하면서 발생한다. 이처럼 유인 금융점포가 줄어들게 되면 고 령층 등의 금융 접근성이 약화되면서 보이스피싱 등 각종 금융 사고에 쉽게 노출될 수 있다. 또한 수도권 에만 점포가 몰리면서 돈이 수도권으로만 집중되고 이는 지역 간 격차와 소득불평등을 심화시키는 원인 으로 작용할 수 있다.

① 금융기관이 유인 점포를 줄이는 것은 인건비 및 임대료 절감을 위해서이다.
② 금융기관의 유인 점포가 전국적으로 사라지고 있다.
③ 스마트폰이나 PC를 이용한 금융거래 증가는 금융기관 유인 점포 감소의 원인 중 하나이다.
④ 수도권에만 유인 금융점포가 몰리면 지역 간 격차가 심화될 수 있다.
⑤ 비수도권의 유인 금융점포가 사라지면서 고령층이 금융 사고에 노출될 가능성이 높아지고 있다.

**07**   유럽축구선수권대회에 관한 내용이 다음 글과 일치하지 않는 것은?

> 유럽축구선수권대회는 유럽축구연맹(UEFA)이 주관하며, 월드컵과 2년 간격으로 4년마다 개최되는 축구대회이다. 남미축구선수권대회와 함께 세계 축구의 양대 흐름을 파악할 수 있는 무대로 꼽힌다. 대회에는 개최국을 제외한 UEFA 가맹국들이 홈 앤드 어웨이 방식으로 조별 예선과 플레이오프(PO)를 치른 뒤 24개국이 본선에 진출한다. 본선 개최국, 조별 예선의 각 조 1·2위 등 21개국이 본선에 선착하고 나머지 3위 국가들이 본선 출전권 3장을 놓고 승부를 가린다.

① 개최국은 예선을 치르지 않고 바로 본선에 진출한다.
② 월드컵이 열리는 해와 2년의 간격을 두고 대회가 개최된다.
③ 대회는 4년에 한 번 개최되며, 유럽축구연맹 가맹국들이 참가한다.
④ 본선에는 24개 국가가 참가하며, 조별 예선 각 조 2위는 모두 본선 진출이 가능하다.
⑤ 조별 예선 3위를 차지한 국가 중 1개 국가가 본선에 진출한다.

**08**   다음 글의 내용과 일치하지 않는 것은?

> 화성에 생명체가 살고 있는지에 대한 논란은 끊이지 않고 있다. 지금까지 발명된 가장 정교한 망원경을 사용하더라도 화성에 생명체가 있는지를 직접 확인할 수는 없다. 그러므로 우리는 화성을 가장 가까운 속성을 지닌 지구와 견줌으로써 어떠한 추정을 내릴 수밖에 없다. 지구는 하나의 축을 중심으로 하여 돌고 있는 공 모양의 혹성으로, 태양 둘레를 일정하게 공전하고 있다. 지구는 얼마쯤의 원소로 이루어져 있으며, 대기층이 존재함으로써 생명체를 지탱한다. 화성도 태양을 일정한 궤도로 공전하고 있고, 태양과의 거리나 자전 주기도 지구와 거의 같다. 화성은 그 표면 상태가 태양계의 혹성 중에서 지구와 가장 비슷하고, 엷으나마 대기권이 있는 것으로 알려져 있다. 이런 점에 비추어 볼 때 화성에도 생명체가 있으리라는 추정은 상당한 근거가 있다고 할 만하다.

① 화성에 있는 원소를 통해 생명체의 존재를 입증할 수 있다.
② 지구와 화성은 모두 태양을 일정한 궤도로 공전한다.
③ 화성에 생명체가 살고 있다는 주장은 상당한 설득력을 가진다.
④ 대기층이 없다면 지구에 사는 생명체는 유지될 수 없다.
⑤ 화성에 생명체가 있는지의 여부는 아직 밝혀지지 않았다.

**09** 다음 글을 읽고 알 수 없는 것은?

> 풍산개는 북한 함경북도 풍산 지방에서 오랜 기간 길러온 고유한 사냥개 품종으로, 원래 개마고원을 중심으로 맹수를 사냥하던 우리나라 토종의 수렵견이다. 북한 자료에 의하면 풍산개의 원종은 개와 승냥이 (늑대) 사이에서 교잡된 것이다. 크기는 수컷 55~58cm, 암컷 50~58cm이며, 체중은 23~30kg으로 진돗개보다는 몸집이 크다. 전체적으로 흰 바탕에 검은색, 회색, 황색이 섞여 시베리아 늑대와 유사한 모습을 하고 있으며, 주둥이는 투박하고 얼굴은 크고 넓다. 여기에 뛰어난 청력과 날카로운 이빨, 강인한 체구에 뒷다리가 곧고 탄탄하여 경사지나 산악지대를 잘 달릴 수 있는 특징이 있다. 풍산개는 추위와 질병에 강하며, 강인하고 영리하지만 성질은 온순한 편이다. 그러나 일단 적수와 맞서 싸울 때는 짖어대는 소리가 우렁차고 크며 매우 사납다고 알려져 있다.

① 풍산개의 모습　　　　　　　② 풍산개의 크기
③ 풍산개의 유래　　　　　　　④ 풍산개의 종류
⑤ 풍산개의 성질

**10** 다음 글의 내용상 밑줄 친 부분에 들어갈 문장으로 가장 적절한 것은?

> 인체 해부학이 발달하면서 형성된 기계론적 질병관은, 조화와 균형을 추구했던 전통 의학과는 달리 인체를 하나의 기계와 같이 생각하여 인간의 질병을 기계 부속품의 고장처럼 독립된 것으로 여긴다. 기계는 한 부분에 문제가 생기면 그 부분의 부속품만 바꾸어 주면 다시 작동한다. 하지만 인간의 육체는 기계와는 달리 모든 기관이 서로 조화롭게 연관된다. 또한, 인간의 육체는 인간의 정신과도 분리될 수 없다. ＿＿＿＿＿＿＿＿＿＿＿＿＿＿＿＿＿＿＿

① 따라서 인간의 질병 또한 기계적 요소로 치료할 수 있다.
② 인간의 육체는 숭고한 것이어서 함부로 해부할 수 없다.
③ 따라서 인간의 질병에서 인간적 요소를 배제해서는 안 된다.
④ 인간의 육체는 정신 그 자체다.
⑤ 따라서 기계론적 질병관은 현대에 들어와 더욱 각광받고 있다.

**11** 다음 글의 빈칸에 들어가기에 가장 적절한 말은?

> 배가 고픈 것이 아닌데도 무언가를 먹고 싶은 욕구가 드는 (　　　) 허기를 '가짜 식욕'이라 한다. 즉, 열량이 부족하지 않은 상태임에도 배고픔을 느끼는 것을 말한다. 일시적인 스트레스나 감정 기복, 과도한 피로나 부족한 수면 등 다양한 원인에 따라 갑자기 식욕이 솟구치는 특징을 보인다. 가짜 식욕은 보통 30분 정도만 참으면 사라지지만 이를 가짜 식욕인지 인지하지 못한 채 음식을 섭취할 경우 비만의 원인이 될 수 있다.

① 신체적　　　　　　　　　　② 심리적
③ 실체적　　　　　　　　　　④ 작위적
⑤ 회피적

**12** 다음 글의 빈칸에 들어가기에 가장 적절한 말은?

> 공격과 수비가 교체되는 가운데 건강한 격렬함이 가미된 축구는 하나의 완벽한 예술로서 세계인들의 마음을 사로잡았다. 그렇지만 지지 않는 수비 위주 전략이 득세하고 이기기 위해서 반칙을 일삼는 행태가 심해지면서 점점 축구의 재미가 없어졌다. 앞으로 축구의 아름다움을 되살리기 위해서는 과열된 (      )에서 벗어나서 축구를 축구로 즐기는 태도가 필요하다.

① 응원문화　　　　　　　② 과시욕
③ 혼탁성　　　　　　　　④ 열정
⑤ 승부욕

**13** 다음 문장들을 순서대로 가장 적절하게 배열한 것은?

> ㉠ 이는 어떤 외압에도 영향을 받지 않고 공정하게 법을 집행한다는 의미다.
> ㉡ 그리스 신화에 나오는 여신 디케는 정의와 법을 상징한다.
> ㉢ 두 눈을 가린 채 한 손엔 저울을, 다른 한 손엔 칼을 들고 있다.
> ㉣ 그래서 대한민국 법원의 마크도 역시 저울과 칼을 든 디케의 모습을 담고 있다.

① ㉢-㉠-㉡-㉣　　　　② ㉢-㉡-㉣-㉠
③ ㉡-㉠-㉢-㉣　　　　④ ㉡-㉣-㉢-㉠
⑤ ㉡-㉢-㉠-㉣

**14** 다음 문장들을 순서대로 가장 적절하게 배열한 것은?

> ㉠ 이처럼 과학기술은 인류에게 모든 것을 약속해 주지는 못한다.
> ㉡ 과학기술이 생산성 증대와 인류 복지 증진에 기여한 사실은 명백하다.
> ㉢ 하지만 그것이 대량살상무기의 개발과 생태학적 위기를 불러온 것도 사실이다.
> ㉣ 따라서 과학기술의 미래는 우리가 그것을 어떻게 판단하고 활용하느냐에 달려 있다.

① ㉠-㉡-㉢-㉣　　　　② ㉠-㉣-㉢-㉡
③ ㉡-㉢-㉠-㉣　　　　④ ㉡-㉣-㉢-㉠
⑤ ㉡-㉣-㉠-㉢

**15** 다음 문장들을 순서대로 가장 적절하게 배열한 것은?

> ㉠ 이러한 결과로 선량한 시민들이 은행을 신용하여 저축한 데 대한 채권이 무용지물이 될 위기에 처하는 경우가 최근 늘어나고 있다.
> ㉡ 자본주의 사회에서 돈을 모아 두는 가장 중요하고 믿을 수 있는 기관은 은행이다.
> ㉢ 은행이 망하는 이유는 은행이 기업의 장래와 수익성을 꼼꼼히 따져 보지 않은 채 외부의 압력이나 인정에 입각해서 돈을 대출하는 경우가 많기 때문이다.
> ㉣ 그렇지만 은행 역시 다른 기업들과 마찬가지로 운영을 잘못하면 망할 수도 있는 사기업일 뿐이다.

① ㉡ - ㉣ - ㉢ - ㉠    ② ㉡ - ㉢ - ㉠ - ㉣
③ ㉡ - ㉣ - ㉠ - ㉢    ④ ㉢ - ㉣ - ㉠ - ㉡
⑤ ㉢ - ㉠ - ㉣ - ㉡

**16** 다음 글을 읽고 빈칸에 알맞은 접속어를 고르면?

> 자전거를 타면 다리와 허리의 근력을 강화시킬 수 있어, 오래 탈수록 탄탄해져 가는 자신의 몸을 느낄 수 있다. (      ) 자전거를 타면 일상생활에서 받는 크고 작은 스트레스를 푸는 데도 도움이 된다. 자전거를 타는 동안에는 자전거 바퀴를 돌리는 반복적 행위에만 집중할 수 있고, 이는 복잡한 일상을 잊게 해 준다.

① 그런데    ② 그러나
③ 예컨대    ④ 그러므로
⑤ 또한

**17** 다음 글을 읽고 빈칸에 알맞은 접속어를 고르면?

> 옛날의 부모들이 취했던 방식이 모두 옳다고 생각하지는 않는다. 옛날의 아버지들은 너무 엄했던 까닭에 자녀들이 친근감을 느끼기가 어려웠다. 옛날의 부모들은 독선의 경향이 있었고, 자녀를 이해하려는 노력이 부족했다. (      ) 인생에 대하여 확고한 신념을 가지고 자신만만하게 자녀를 가르칠 수 있었던 그들의 태도에는 분명히 본받을 만한 점이 있었다.

① 그런데    ② 그러나
③ 그리고    ④ 따라서
⑤ 예컨대

**18** 다음 글의 내용을 비판하기 위한 근거로 가장 적절한 것은?

> 오래된 전통문화가 어떻게 우리 사회와 문화에 녹아들어 있는가를 이해하기 위해서는 한국 전통문화의 특징을 이해해야 한다. 한국의 전통문화는 불교, 도교와 습합된 가운데 유교가 중심을 이루고 있는 특수성이 있다. 유교는 인간의 사회활동 가운데 무엇보다도 가족을 중시한다. 그러나 서양의 가족주의가 자기 가족만을 위하는 것이라면 동양의 가족주의는 '수신-제가-치국-평천하'처럼 사회와 국가가 세계로 연결되는 고리였다는 점을 이해할 필요가 있다. 따라서 동양의 가족주의는 폐쇄적이거나 집단 이기적인 울타리가 아니다. 동양의 가족주의와 전통사상은 가족 간의 관계를 결정지을 뿐 아니라 사회를 보는 눈이 되고 대인관계의 모델이 된다.

① 아저씨, 아주머니, 할아버지, 할머니와 같은 가족의 호칭을 타인에게도 많이 사용하는 것으로 보아 한국인들에게는 가족주의적 의식이 내재되어 있음을 알 수 있다.
② 한국인들은 동질성이 높은 '우리 집단'과 '우리가 아닌 집단'을 일상적으로 나누며 '우리가 아닌 집단'과의 경쟁에서 졌을 때 해당 집단을 매우 배척하는 태도를 보인다.
③ 경제난으로 나라가 큰 어려움을 겪었을 때 한국인들은 똘똘 뭉쳐 절약 캠페인, 금 모으기 운동을 벌여 경제위기에서 벗어날 수 있었다.
④ 자사 주식을 보유한 직원들의 근무 태도가 좋고 성과가 높은 것은 자신이 회사의 주인이라는 가족주의적 의식 때문이다.
⑤ 장례와 경조사에 서로를 돕고 위로하고자 하는 마음을 담아 금전을 전달하는 조의금, 부조금 문화는 우리나라의 전통적인 상부상조 문화를 담고 있다.

**19** 다음 글의 주장을 가장 잘 뒷받침해 주는 근거는?

> 일부 과학자들은 인간과 쥐의 관계가 시대가 갈수록 자연에서의 쥐의 생존 능력을 감소시켰으며 지금의 쥐들은 생명을 존속하기 위하여 인간의 문명에 더욱 의존해야 할 것이라고 믿는다. 그러나 이러한 견해는 중요한 사실을 무시한 것이다. 다양한 천적과 인간의 적대감에도 불구하고 쥐는 인간을 제외하고는 다른 어떤 포유류보다 더 광범위하게 지구상에 자신의 종족들을 퍼트리고 있다. 쥐는 급속히 번식하며, 다양한 서식지에 적응하는 능력을 가졌다. 자연주의자들은 인간의 삶이 유지될 수 없는 매우 극한의 환경일지라도 쥐들은 적응하고 살 수 있다고 주장한다.

① 쥐는 인류 생존 이전부터 전 세계의 곳곳에서 서식하였음을 화석 유물이 입증해 주고 있다.
② 쥐는 너무 황폐하고도 추워서 인간이 살아갈 수 없는 남극 주변의 섬에서도 서식하고 있다.
③ 쥐가 가장 잘 서식할 수 있는 최적 환경이 주어진다면 쥐의 개체 수는 인간의 개체수를 뛰어넘게 된다.
④ 쥐는 각종 여러 전염병의 매개체가 되며, 이 때문에 인간들은 쥐의 개체 수 감소를 위해 노력해 왔다.
⑤ 쥐의 종족 규모는 음식물 습득 가능성과 서식 환경에 의해 결정된다.

**20** 다음 글의 빈칸에 들어갈 속담으로 알맞은 것은?

> 무엇인가 마음에 걸리는 일이 있을 때 우리는 흔히 '셈 치고'라는 말을 잘 쓴다. 꺼림칙한 일이 있어도 그보다 더 큰 손해를 보거나 화를 입은 셈 치고 마음을 달래기도 한다. 불행 중 다행이라는 말도 근본적으로는 모든 것을 죽은 셈 치고 생각하는 삶의 계산법인 것이다. 죽은 셈 치면 어떤 불행한 일도 다행으로 보인다. 전 세계 어느 나라에서도 (                    )라는 후한 속담은 찾아보기 힘들다. 객관성보다 주관적인 기분을 중시하는 '셈 치는' 사회에서나 일어남 직한 발상이다.

① 감기 고뿔도 남을 안 준다
② 인색한 부자가 손쓰는 가난뱅이보다 낫다
③ 말 한마디에 천 냥 빚도 갚는다
④ 모로 가도 서울만 가면 된다
⑤ 절에 가서 젓국 달라 한다

**창의수리** | 30문항을 15분 동안 푸시오.

**01** 다음 식을 계산한 값을 고르면?

$$99 - 35 + 18$$

① 71      ② 74
③ 82      ④ 88
⑤ 95

**02** 다음 식을 계산한 값을 고르면?

$$34 + 101 + 9$$

① 141      ② 144
③ 151      ④ 155
⑤ 162

**03** 다음 식을 계산한 값을 고르면?

$$102 - 15 - 24$$

① 63      ② 61
③ 58      ④ 57
⑤ 51

**04** 다음 식을 계산한 값을 고르면?

$$9 \times 12 + 55 - 8$$

① 164      ② 155
③ 137      ④ 133
⑤ 128

**05** 다음 식을 계산한 값을 고르면?

$$82 - 40 + 5 \times 9$$

① 93            ② 92
③ 90            ④ 89
⑤ 87

**06** 다음 식의 빈칸에 들어갈 값을 고르면?

$$(\quad) - 17 - 34 = 44$$

① 95            ② 94
③ 92            ④ 91
⑤ 89

**07** 다음 식의 빈칸에 들어갈 값을 고르면?

$$(\quad) \times 7 - 14 = 56$$

① 10            ② 11
③ 12            ④ 13
⑤ 14

**08** 다음 식의 빈칸에 들어갈 값을 고르면?

$$64 \div (\quad) \times 7 = 112$$

① 2            ② 4
③ 6            ④ 8
⑤ 16

**09** 다음 식을 계산했을 때 가장 큰 수가 나오는 것은?

① $3 \times 5 - 4$        ② $3 + 4 \times 4$

③ $3 + 8 + 1$        ④ $20 + 15 - 24$

⑤ $35 + 18 - 39$

**10** 다음 식을 계산했을 때 가장 작은 수가 나오는 것은?

① $30 - 18 + 3$        ② $17 + 10 \times 1$

③ $4 \times 13 - 31$        ④ $14 + 3 \times 3$

⑤ $5 - 8 + 22$

**11** 다음 A와 B의 대소를 비교하면?

$$A = 18 - 23 + 51$$
$$B = 92 - 13 \times 4$$

① $A > B$        ② $A < B$

③ $A = B$        ④ $A \geq B$

⑤ $A \leq B$

**12** 다음 A와 B의 대소를 비교하면?

$$A = 14.2 - 1.4 - 3.5$$
$$B = 11 - 10.3 + 8.6$$

① $A > B$        ② $A < B$

③ $A = B$        ④ $A \geq B$

⑤ $A \leq B$

**13** 다음 A와 B의 대소를 비교하면?

| |
|---|
| A = 18, 25, 21, 17의 평균<br>B = 34, 19, 7, 25의 평균 |

① A > B            ② A < B
③ A = B            ④ A ≥ B
⑤ A ≤ B

**14** 빈칸에 들어갈 연산기호를 순서에 맞게 고르면?

| |
|---|
| 52 − 35(    )28(    )4 = 41 |

① +, −            ② −, −
③ −, +            ④ +, +
⑤ +, ×

**15** 다음 단위를 적절하게 변환하여 빈칸에 알맞은 값을 고르면?

| |
|---|
| 210cm = (    )m |

① 0.00021            ② 0.0021
③ 0.021            ④ 0.21
⑤ 2.1

**16** 다음 단위를 적절하게 변환하여 빈칸에 알맞은 값을 고르면?

| |
|---|
| 1시간 10분 5초 = (    )초 |

① 4,205            ② 4,325
③ 4,405            ④ 4,585
⑤ 4,675

**17** 다음 단위를 적절하게 변환하여 빈칸에 알맞은 값을 고르면?

> 7,550g = (    )t

① 0.000755　　　　　　　　　　　② 0.00755
③ 0.0755　　　　　　　　　　　　④ 0.755
⑤ 7.55

**18** 4할 3푼 5리를 백분율로 바르게 변환한 것은?
① 435%　　　　　　　　　　　　② 43.5%
③ 4.35%　　　　　　　　　　　　④ 0.435%
⑤ 0.0435%

**19** 다음 숫자들의 배열 규칙을 찾아 빈칸에 들어갈 알맞은 숫자를 고르면?

> 23　21　18　14　9　(    )

① 11　　　　　　　　　　　　　　② 8
③ 6　　　　　　　　　　　　　　④ 4
⑤ 3

**20** 다음 숫자들의 배열 규칙을 찾아 빈칸에 들어갈 알맞은 숫자를 고르면?

> 3　5　8　13　21　34　(    )

① 62　　　　　　　　　　　　　　② 55
③ 51　　　　　　　　　　　　　　④ 48
⑤ 42

**21**  다음 숫자들의 배열 규칙을 찾아 빈칸에 들어갈 알맞은 숫자를 고르면?

| 5  3  6  4  8  6  12  10  20  (   ) |
| --- |

① 18                                      ② 22
③ 28                                      ④ 36
⑤ 40

**22**  다음 숫자들의 배열 규칙을 찾아 빈칸에 들어갈 알맞은 숫자를 고르면?

| 0.5  1  0.8  1.3  1.1  1.6  1.4  (   ) |
| --- |

① 2                                       ② 1.9
③ 1.5                                     ④ 1.2
⑤ 1.1

**23**  다음 숫자들의 배열 규칙을 찾아 ?에 들어갈 알맞은 숫자를 고르면?

① 8                                       ② 10
③ 12                                      ④ 13
⑤ 14

**24** 다음 숫자들의 배열 규칙을 찾아 ?에 들어갈 알맞은 숫자를 고르면?

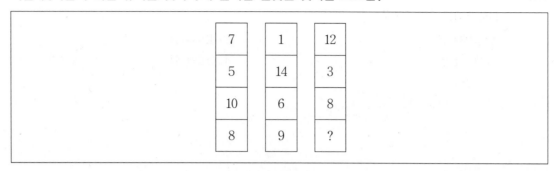

| 7 | 1 | 12 |
| 5 | 14 | 3 |
| 10 | 6 | 8 |
| 8 | 9 | ? |

① 2
② 4
③ 5
④ 7
⑤ 10

**25** 시속 8km의 속력으로 3시간 30분 걸었을 때, 몇 km를 걸었겠는가?

① 24km
② 26km
③ 28km
④ 30km
⑤ 32km

**26** 어머니는 형 나이의 2배이고, 동생 나이의 3배이다. 형과 동생이 9살 차이라면, 형의 나이는 몇 살인가?

① 25살
② 27살
③ 28살
④ 31살
⑤ 32살

**27** 어느 전시회의 입장료는 성인이 1,000원, 어린이가 700원이다. 어느 날 오전에 성인 입장객 32명, 어린이 입장객 8명이 전시회를 관람했다면, 이날 오전 전시회의 총 입장료는 얼마인가?

① 32,000원
② 33,200원
③ 34,200원
④ 35,600원
⑤ 37,600원

**28** 정가가 4,500원인 물건을 20% 할인하여 팔기로 하고 진열해 놓았다. 이 물건을 5개 팔았을 때, 총 판매금액은 얼마인가?

① 18,000원        ② 19,000원

③ 20,000원        ④ 20,500원

⑤ 22,500원

**29** 노트북 세 대를 구입하는 데 비용이 각각 210만 원, 190만 원, 260만 원이다. 노트북 1대를 구입하는 데 든 평균 비용은 얼마인가?

① 210만 원        ② 215만 원

③ 210만 원        ④ 220만 원

⑤ 230만 원

**30** 다음은 학생 A, B, C, D의 영어시험 점수를 나타낸 것이다. 시험을 제일 잘 본 학생과 제일 못 본 학생의 점수 차이는?

| 이름 | A | B | C | D |
|------|-----|-----|-----|-----|
| 점수 | 86 | 92 | 78 | 67 |

① 11점        ② 14점

③ 19점        ④ 25점

⑤ 29점

**자료해석** | 20문항을 10분 동안 푸시오.

**01** 다음은 여행 가고 싶은 곳에 대한 연령별 선호도를 조사한 자료이다. 이에 대한 설명으로 옳은 것은?

(단위 : %)

| 구분 | 미국 | 유럽 | 아시아 | 기타 |
|---|---|---|---|---|
| 10대 | 15 | (가) | 17 | 35 |
| 20대 | 12 | 29 | 27 | 32 |
| 30대 | 28 | 28 | 14 | 30 |
| 40대 | 10 | 20 | 20 | 50 |
| 50대 | 17 | 15 | 45 | 23 |

① (가)에 들어갈 수치는 33%이다.
② 연령대가 높아질수록 아시아에 대한 선호도가 높아진다.
③ 유럽으로 여행을 가고 싶어 하는 사람의 수가 가장 많다.
④ 미국에 대한 선호도가 가장 높은 연령대는 50대이다.
⑤ 아시아에 대한 선호도는 10대보다 30대가 더 높다.

**02** 다음은 연령별 저축률에 대한 자료이다. 이를 보고 저축률의 증감 추이가 같은 연령층끼리 짝지은 것은?

(단위 : 명, %)

| 구분 | 2019년 | | 2021년 | | 2023년 | | 2025년 | |
| | 저축 중인 인원 | 저축률 | 저축 중인 인원 | 저축률 | 저축 중인 인원 | 저축률 | 저축 중인 인원 | 저축률 |
|---|---|---|---|---|---|---|---|---|
| 30대 이하 | 63 | 72.8 | 68 | 68.2 | 117 | 81.1 | 99 | 69.9 |
| 40대 | 271 | 60.5 | 277 | 61.4 | 184 | 70.3 | 210 | 65.4 |
| 50대 | 440 | 59.2 | 538 | 54.9 | 383 | 58.6 | 383 | 54.4 |
| 60대 | 469 | 47.6 | 538 | 53.5 | 536 | 41.0 | 542 | 39.9 |
| 70대 이상 | 582 | 27.7 | 562 | 37.0 | 768 | 24.7 | 754 | 21.9 |

① 40대, 50대　　　　　　② 40대, 60대
③ 60대, 70대 이상　　　　④ 30대 이하, 70대 이상
⑤ 50대, 70대 이상

**03** 다음은 S사의 TV 생산량 및 국내 판매량과 수출 현황에 대한 자료이다. 이에 대한 설명으로 옳지 않은 것은?

(단위 : 대, %)

| 구분 | | 2023년 | 2024년 | 2025년 |
|---|---|---|---|
| 생산량 | TV수 | 3,728,036 | 3,869,701 | 3,512,456 |
| | 증감률 | ▽2.3 | △3.7 | ▽9.2 |
| 국내 판매량 | TV수 | 2,315,235 | 2,461,201 | 2,645,125 |
| | 증감률 | ▽6.0 | △6.3 | △7.4 |
| 수출량 | TV수 | 1,412,801 | 1,408,500 | 867,331 |
| | 증감률 | △4.3 | ▽0.3 | ▽38.4 |

① 생산량이 증가했어도 국내 판매량의 증감률과 수출량 증감률이 함께 증가하지는 않는다.
② 생산량이 가장 크게 늘어난 해에는 가장 크게 줄어든 해보다 많은 제품을 생산하였다.
③ 2023년부터 2025년까지 TV 생산량과 국내 판매량은 동일한 증감 추이를 보인다.
④ 2023년 대비 2024년 생산량과 국내 판매량은 늘어났으나 수출량은 줄어들었다.
⑤ 국내 판매량과 수출량의 격차가 가장 큰 시기는 2025년이다.

**04** 다음은 A그룹의 직원 현황을 나타낸 자료이다. 1,000명의 직원 중 450명이 5년 미만의 근무 경력자이고, 나머지 550명이 5년 이상의 근무 경력자이다. 5년 미만 근무한 직원 중 정규직 직원의 비율이 60%라고 할 때, 5년 이상 근무한 직원 중 비정규직 직원의 비율은? (단, 소수점 둘째 자리에서 반올림한다.)

(단위 : 명)

| 구분 | 정규직 | 비정규직 |
|---|---|---|
| 경력 5년 미만 | $a$ | $b$ |
| 경력 5년 이상 | $c$ | $d$ |
| 합계 | 574 | 426 |

① 44.7%
② 45.7%
③ 46.7%
④ 47.7%
⑤ 48.7%

**05** 다음은 연도별 기업체의 성과보상 관리 제도의 비율을 나타낸 자료이다. 이에 대한 설명으로 옳지 않은 것은?

(단위 : 개, %, %p)

| 구분 | 2023년 | 비율 | 2024년 | 비율 (A) | 2025년 | 비율 (B) | 증감 (B−A) |
|---|---|---|---|---|---|---|---|
| 기업체 수 | 11,722 | | 12,011 | | 12,232 | | |
| 연봉제 | 8,662 | 73.9 | 8,854 | 73.7 | 8,968 | 73.3 | −0.4 |
| 성과급 | 7,448 | 63.5 | 7,659 | 63.8 | 7,743 | 63.3 | −0.5 |
| 스톡옵션 | 1,005 | 8.6 | 977 | 8.1 | 992 | 8.1 | 0.0 |
| 우리사주 | 1,590 | 13.6 | 1,517 | 12.6 | 1,485 | 12.1 | −0.5 |

① 연봉제, 성과급을 도입·운영하는 기업체 수는 동일한 증감 추이를 보인다.
② 2025년 성과급과 우리사주를 도입·운영하는 기업의 비율은 전년보다 소폭 감소하였다.
③ 2024년 관리 제도 중 전년 대비 증감률이 가장 큰 제도는 우리사주이다.
④ 연봉제를 도입하는 기업 수가 증가함에 따라 비율도 함께 증가하고 있다.
⑤ 우리사주를 도입하는 기업 수와 그에 따른 비율이 매년 감소하고 있다.

**06** 다음은 어느 회사의 연도별 노트북 생산 실적을 나타낸 자료이다. 전년 대비 2025년의 노트북 생산 금액의 성장률이 20%라고 할 때, 2025년 노트북 생산 금액은 얼마인가?

| 구분 | 2021년 | 2022년 | 2023년 | 2024년 |
|---|---|---|---|---|
| 생산 업체(개) | 315 | 246 | 460 | 534 |
| 생산 품목(개) | 64,555 | 55,236 | 67,848 | 71,245 |
| 생산 금액(억 원) | 31,245 | 33,451 | 42,153 | 46,510 |

① 55,812억 원
② 56,812억 원
③ 57,812억 원
④ 58,812억 원
⑤ 59,812억 원

www.pmg.co.kr

**07** 다음은 우리나라의 연구개발비 현황에 대한 자료이다. 다음 중 A, B, C, D, E에 들어갈 수치로 옳지 않은 것은?

### 연도별·항목별 국내 연구개발비

(단위: 10억 원, %)

| 연도<br>항목 | 2020년 | 2021년 | 2022년 | 2023년 | 2024년 | 2025년 |
|---|---|---|---|---|---|---|
| 기초연구비 | 1,585<br>(14.0) | 1,625<br>(13.6) | B<br>(12.6) | 2,025<br>(12.6) | 2,373<br>(13.7) | 2,758<br>(14.5) |
| 응용연구비 | 2,848<br>(A) | 3,065<br>(25.7) | 3,370<br>(24.3) | 4,076<br>(25.3) | 3,764<br>(21.7) | 3,974<br>(20.8) |
| 개발연구비 | 6,902<br>(60.9) | 7,231<br>(60.7) | 8,732<br>(63.1) | 10,009<br>(C) | 11,188<br>(64.6) | 12,336<br>(64.7) |
| 합계 | 11,335<br>(100.0) | E<br>(100.0) | 13,848<br>(100.0) | 16,110<br>(100.0) | 17,325<br>(100.0) | D<br>(100.0) |

① A - 25.1
② B - 1,746
③ C - 52.1
④ D - 19,068
⑤ E - 11,921

**08** 다음은 어느 나라의 자살과 질병으로 인한 사망자 현황을 나타낸 자료이다. 이에 대한 해석으로 옳은 것을 〈보기〉에서 모두 고르면? (단, 사망률은 인구 10만 명당 평균 사망자 수를 나타낸다.)

(단위: 명)

| 연도 | 자살 | | 질병 | |
|---|---|---|---|---|
| | 사망자 수 | 사망률 | 사망자 수 | 사망률 |
| 2021년 | 6,460 | 14.6 | 28,874 | 60.7 |
| 2022년 | 6,933 | 15.5 | 28,736 | 60.0 |
| 2023년 | 8,631 | 19.1 | 28,834 | 59.9 |
| 2024년 | 10,932 | 24.0 | 31,558 | 65.3 |
| 2025년 | 11,523 | 25.2 | 30,567 | 63.0 |

> **보기**
> ㉠ 자살로 인한 사망률은 증가하는 추세이다.
> ㉡ 2021년부터 2023년까지 질병에 의한 사망자 수는 계속 감소하였다.
> ㉢ 2023년에 비해 2025년의 자살과 질병으로 인한 사망자 수와 사망률은 모두 증가하였다.

① ㉠
② ㉠, ㉡
③ ㉡, ㉢
④ ㉠, ㉢
⑤ ㉠, ㉡, ㉢

**09** 다음은 전국 중·고등학교의 체육 과목 담당 교원 현황을 나타낸 자료이다. 이에 대한 설명으로 옳은 것을 〈보기〉에서 모두 고르면?

(단위: 명)

| 구분 | 중학교 | | 고등학교 | | | | 전체 체육 담당 교원 수 |
| --- | --- | --- | --- | --- | --- | --- | --- |
| | | | 일반계 | | 실업계 | | |
| | 전체 교원 수 | 체육 담당 교원 수 | 전체 교원 수 | 체육 담당 교원 수 | 전체 교원 수 | 체육 담당 교원 수 | |
| 2022년 | 96,016 | 8,238 | 61,680 | 3,943 | 44,265 | 1,817 | 13,998 |
| 2023년 | 93,244 | 7,645 | 62,944 | 3,794 | 42,360 | 1,664 | 13,103 |
| 2024년 | 92,589 | 7,598 | 63,374 | 3,795 | 40,977 | 1,615 | 13,008 |
| 2025년 | 93,385 | 7,175 | 64,504 | 3,532 | 39,810 | 1,406 | 12,113 |

보기

㉠ 2022년부터 2025년까지 체육 담당 교원 수는 꾸준히 감소하였다.
㉡ 2022년 전체 교원 중에 체육 담당 교원이 차지하는 비율은 실업계 고등학교가 일반계 고등학교보다 높다.
㉢ 2024년 일반계 고등학교와 실업계 고등학교에 근무하고 있는 체육 담당 교원 수는 5,410명이다.
㉣ 중학교에서 전체 교원 수와 체육 담당 교원 수의 차이가 가장 적었던 해는 2025년이다.

① ㉠, ㉢
② ㉠, ㉣
③ ㉡, ㉢
④ ㉢, ㉣
⑤ ㉠, ㉡, ㉢

**10** 다음은 국립과학수사연구소의 감정 처리 현황에 대한 자료이다. 2025년 국립과학수사연구소 전체 감정에서 유전자 감정이 차지하는 비율은? (단, 소수점 둘째 자리에서 반올림하여 계산한다.)

### 국립과학수사연구소 전체 감정 현황

(단위: 건)

| 구분 | 2022년 | 2023년 | 2024년 | 2025년 |
|---|---|---|---|---|
| 감정 건수 | 220,698 | 208,193 | 211,934 | 224,589 |

### 국립과학수사연구소 유전자 감정 현황

(단위: 건)

| 구분 | 2022년 | 2023년 | 2024년 | 2025년 |
|---|---|---|---|---|
| 감정 건수 | 23,698 | 31,704 | 36,179 | 52,309 |

① 20.9%  ② 23.3%
③ 27.5%  ④ 30.8%
⑤ 35.1%

**11** 다음은 연도별 전국 인구와 도시 인구를 나타낸 자료이다. 이에 대한 설명으로 옳지 않은 것은?

(단위: 천 명, %)

| 구분 | 전국 인구 | 도시 인구 | 도시 인구비 |
|---|---|---|---|
| 1990년 | 21,502 | 5,263 | 24.5 |
| 2000년 | 29,160 | 9,780 | 33.5 |
| 2010년 | 34,681 | 16,770 | 48.4 |
| 2020년 | 40,432 | 26,443 | 65.0 |

① 조사 기간 동안 전국의 인구는 꾸준히 증가하고 있다.
② 도시 인구가 세 번째로 많았던 해는 2000년이다.
③ 1990년에서 2010년 사이에 도시 인구비는 23.9%p 증가하였다.
④ 조사 기간 동안 전국 인구 수가 도시 인구 수보다 많이 증가하였다.
⑤ 1990년에서 2020년 사이에 도시의 인구는 약 5배 증가하였다.

**12** 다음은 사이버범죄 현황을 나타낸 자료이다. 이에 대한 설명으로 옳지 않은 것은?

(단위: 건)

| 구분 | 총계 | 해킹<br>바이러스<br>유포 | 인터넷 사기 | 사이버 폭력 | 불법사이트<br>운영 | 불법복제<br>판매 | 기타 |
|---|---|---|---|---|---|---|---|
| 2021년 | 51,722 | 8,891 | 26,875 | 4,991 | 1,719 | 677 | 8,569 |
| 2022년 | 63,384 | 10,933 | 30,288 | 5,816 | 2,410 | 1,244 | 12,633 |
| 2023년 | 72,421 | 15,874 | 33,112 | 9,227 | 1,850 | 1,233 | 11,125 |
| 2024년 | 72,545 | 17,979 | 26,711 | 9,436 | 7,322 | 2,284 | 8,813 |
| 2025년 | 78,890 | 14,037 | 28,081 | 12,905 | 5,505 | 8,167 | 10,195 |

① 2021년에 사이버범죄에서 가장 큰 비중을 차지하는 것은 인터넷 사기이다.
② 사이버범죄는 점점 증가하는 추세이다.
③ 2025년 불법복제 판매는 2021년보다 약 12배 증가하였다.
④ 2024년과 2025년 모두 사이버범죄에서 세 번째로 많은 비중을 차지하는 것은 사이버 폭력이다.
⑤ 2021년부터 2025년 사이 두 번째로 가장 많이 증가한 범죄는 사이버폭력이다.

**13** 다음은 우리나라 도시 가구의 월평균 식료품비 지출에 대한 자료이다. 이에 대한 설명으로 옳지 않은 것은?

### 도시 가구 월평균 소비지출액과 식료품비의 비중

(단위: 천 원, %)

| 연도 | 소비지<br>출액 | 식료품 | 곡류 | 축산물 | 어패류 | 채소·<br>해조류 | 과실 | 조미식<br>품 | 빵·과<br>자류 | 음료·<br>주류 | 외식 |
|---|---|---|---|---|---|---|---|---|---|---|---|
| 2021년 | 685.7 | 219.1<br>(100) | 42.0<br>(19.1) | 36.6<br>(16.7) | 21.1<br>(9.6) | 24.6<br>(11.2) | 15.6<br>(7.1) | 11.7<br>(5.3) | 12.6<br>(5.7) | 10.1<br>(4.6) | 44.8<br>(20.7) |
| 2023년 | 1,462.9 | 405.5<br>(100) | 47.6<br>(11.7) | 58.8<br>(14.5) | 36.2<br>(8.9) | 37.4<br>(9.2) | 30.5<br>(7.5) | 16.5<br>(4.1) | 23.7<br>(5.9) | 18.2<br>(4.5) | 136.6<br>(33.7) |
| 2025년 | 1,834.8 | 471.6<br>(100) | 53.3<br>(11.3) | 65.7<br>(13.9) | 34.8<br>(7.4) | 36.7<br>(7.8) | 28.5<br>(6.0) | 13.9<br>(3.0) | 18.6<br>(3.9) | 18.6<br>(3.9) | 201.5<br>(42.8) |

① 식료품비는 2021년 대비 2025년에 2배 이상 증가하였다.
② 곡류의 소비지출 비중이 감소한 반면 외식의 비중은 증가하였다.
③ 2023년과 2025년에 곡류보다 축산물의 소비지출 비중이 더 크게 나타나고 있다.
④ 2025년 월평균 소비지출액에서 식료품비가 차지하는 비중은 30% 이상이다.
⑤ 외식비의 소비지출액 비중과 액수는 점점 증가하고 있다.

**14** 다음은 남녀별 운전면허 소지 현황을 나타낸 자료이다. 이때 2024년 남자 운전면허 보유자 수는 전체 보유자 수의 몇 %인가? (단, 소수점 둘째 자리에서 반올림하여 계산한다.)

(단위 : 명)

| 구분 | 2021년 | 2022년 | 2023년 | 2024년 | 2025년 |
|---|---|---|---|---|---|
| 계 | 19,549,002 | 17,467,945 | 18,697,346 | 19,884,337 | 21,223,010 |
| 남자 | 14,585,135 | 12,120,851 | 12,701,997 | 13,204,159 | 13,832,346 |
| 여자 | 4,963,867 | 5,347,094 | 5,995,349 | 6,680,178 | 7,390,664 |

① 62.1%  ② 63.5%
③ 64.5%  ④ 66.4%
⑤ 67.2%

**15** 다음은 A대학교에서 일반수강을 한 학생과 재수강한 학생의 성적을 비교한 그래프이다. 이때 재수강 학생 중 학점이 C 이상인 학생의 비율은?

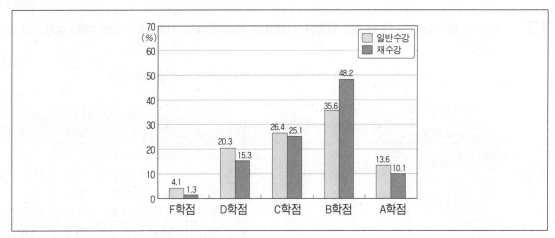

① 82.0%  ② 83.4%
③ 84.6%  ④ 85.3%
⑤ 86.4%

**16** 다음은 국내 석탄 수급 현황에 관한 자료이다. 이때 (가)와 (나)의 값을 합한 수치는?

(단위 : 천 톤)

| 구분 | 2016년 | 2017년 | 2018년 | 2019년 | 2020년 | 2021년 | 2022년 | 2023년 | 2024년 | 2025년 |
|---|---|---|---|---|---|---|---|---|---|---|
| 생산 | 2,824 | 2,886 | 2,772 | 2,519 | 2,084 | 2,084 | 2,094 | 1,815 | 1,748 | 1,764 |
| 소비 | 4,716 | 4,254 | 4,260 | 3,309 | (가) | (나) | 2,424 | 2,240 | 1,879 | 1,718 |
| 연탄용 소비 | 2,327 | 2,091 | 2,289 | 1,941 | 1,859 | 1,822 | 1,833 | 1,917 | 1,629 | 1,473 |
| 발전용 소비 | 2,356 | 2,156 | 1,960 | 1,360 | 839 | 543 | 591 | 323 | 250 | 245 |
| 산업용 소비 | 33 | 7 | 11 | 8 | 0 | 0 | 0 | 0 | 0 | 0 |
| 재고 | 5,551 | 4,231 | 2,797 | 2,226 | 1,853 | 1,720 | 1,628 | 1,457 | 1,610 | 1,798 |
| 정부비축 | 4,671 | 3,445 | 2,026 | 1,596 | 1,308 | 1,142 | 1,080 | 924 | 899 | 899 |

① 4,953
② 4,963
③ 5,053
④ 5,063
⑤ 6,053

**17** 다음은 UN에서 발표한 북한의 결핵 추이에 관한 자료이다. 이를 보고 판단한 것으로 옳은 것은?

| 구분 | 결핵사망률<br>(인구 10만 명당 명) | 결핵발생률<br>(인구 10만 명당 명) | 결핵유병률<br>(인구 10만 명당 명) | 결핵예방률<br>(%) | 결핵치료<br>성공률(%) |
|---|---|---|---|---|---|
| 2016년 | 91 | 383 | 479 | 46.0 | 91 |
| 2017년 | 82 | 383 | 479 | 47.0 | 90 |
| 2018년 | 72 | 383 | 479 | 49.0 | 88 |
| 2019년 | 61 | 384 | 480 | 64.0 | 87 |
| 2020년 | 51 | 386 | 482 | 78.0 | 90 |
| 2021년 | 43 | 389 | 487 | 80.0 | 91 |
| 2022년 | 36 | 396 | 495 | 87.0 | 91 |
| 2023년 | 31 | 405 | 507 | 88.0 | 92 |
| 2024년 | 29 | 417 | 521 | 89.0 | 92 |
| 2025년 | 27 | 429 | 536 | 91.0 | — |

① 결핵예방률이 높아짐에 따라 결핵발생률 또한 낮아지고 있다.
② 결핵발생률은 결핵사망률과 마찬가지로 점차적으로 감소 추세이다.
③ 결핵사망률의 감소폭은 시간이 지날수록 증가하는 추세이다.
④ 2025년까지 최근 10년간 과반수의 연도에서 결핵치료 성공률이 90%에 달하였다.
⑤ 결핵유병률이 최초로 인구 10만 명당 500명을 넘은 해는 2021년도이다.

**18** 다음은 어느 도시의 가구 월평균 소득별 사교육비 현황에 관한 자료이다. 분포비율이 가장 높은 소득구간의 월평균 예체능 및 일반교과 사교육비의 합은 분포비율이 가장 낮은 소득구간의 월평균 예체능 및 일반교과 사교육비 합의 약 몇 배인가?

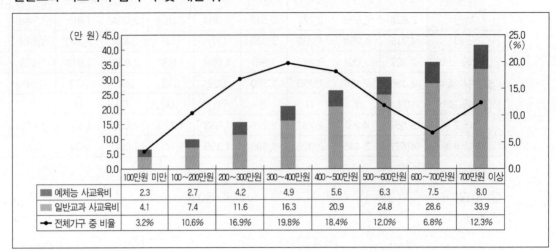

| | 100만원 미만 | 100~200만원 | 200~300만원 | 300~400만원 | 400~500만원 | 500~600만원 | 600~700만원 | 700만원 이상 |
|---|---|---|---|---|---|---|---|---|
| 예체능 사교육비 | 2.3 | 2.7 | 4.2 | 4.9 | 5.6 | 6.3 | 7.5 | 8.0 |
| 일반교과 사교육비 | 4.1 | 7.4 | 11.6 | 16.3 | 20.9 | 24.8 | 28.6 | 33.9 |
| 전체가구 중 비율 | 3.2% | 10.6% | 16.9% | 19.8% | 18.4% | 12.0% | 6.8% | 12.3% |

① 3.3배                    ② 2.7배
③ 2.2배                    ④ 1.8배
⑤ 1.1배

**19** 다음은 2025년 시도별 자원봉사자 현황을 나타낸 자료이다. 이에 대한 설명으로 옳은 것을 〈보기〉에서 모두 고르면?

(단위 : 명)

| 구분 | 10대 이하 | 20대 | 30대 | 40대 | 50대 | 60대 이상 |
|---|---|---|---|---|---|---|
| 서울특별시 | 106,885 | 110,060 | 36,838 | 39,384 | 30,453 | 24,178 |
| 부산광역시 | 31,199 | 33,965 | 5,515 | 8,090 | 10,096 | 8,816 |
| 대구광역시 | 14,667 | 30,769 | 3,725 | 7,950 | 9,318 | 6,867 |
| 인천광역시 | 24,730 | 16,960 | 4,548 | 8,807 | 9,204 | 7,397 |
| 광주광역시 | 51,278 | 33,860 | 4,963 | 8,867 | 7,817 | 5,779 |
| 대전광역시 | 28,956 | 25,170 | 3,959 | 6,829 | 5,116 | 3,106 |
| 울산광역시 | 19,529 | 11,195 | 4,042 | 9,934 | 11,381 | 4,646 |
| 경기도 | 84,465 | 49,890 | 12,074 | 23,121 | 20,103 | 17,533 |
| 강원도 | 15,383 | 15,627 | 1,563 | 3,326 | 3,925 | 3,373 |
| 제주특별자치도 | 18,540 | 6,907 | 2,178 | 5,170 | 5,502 | 2,883 |

┌ 보기 ┌
㉠ 10대 이하 대비 20대의 자원봉사자 수가 더 많은 시도는 4곳이다.
㉡ 강원도의 40대 자원봉사자 수는 30대 자원봉사자 수의 약 2배이다.
㉢ 대전광역시 자원봉사자 수를 모두 더한 합계의 일의 자릿수는 6이다.

① ㉡
② ㉢
③ ㉠, ㉢
④ ㉡, ㉢
⑤ ㉠, ㉡, ㉢

**20** 다음은 2019~2025년 우리나라의 혼인과 이혼에 대한 자료이다. 이때 2022년 혼인건수는 이혼건수의 몇 배인가?

우리나라 혼인건수와 혼인율

| 연도 | 2019년 | 2020년 | 2021년 | 2022년 | 2023년 | 2024년 | 2025년 |
|---|---|---|---|---|---|---|---|
| 혼인건수(천 건) | 402.6 | 375.6 | 362.7 | 336 | 320.1 | 306.6 | 304.9 |
| 혼인율(인구 천 명당 건) | 3.0 | 8.0 | 7.7 | 7.0 | 6.7 | 6.4 | 6.3 |

우리나라 이혼건수와 이혼율

| 연도 | 2019년 | 2020년 | 2021년 | 2022년 | 2023년 | 2024년 | 2025년 |
|---|---|---|---|---|---|---|---|
| 이혼건수(천 건) | 59.3 | 116.7 | 118.0 | 120.0 | 135.0 | 145.3 | 167.1 |
| 이혼율(인구 천 명당 건) | 1.3 | 2.5 | 2.5 | 2.5 | 2.8 | 3.0 | 3.5 |

① 2.4배　　　　　　　　　② 2.5배
③ 2.6배　　　　　　　　　④ 2.7배
⑤ 2.8배

# SK하이닉스

## 온라인 필기시험

박문각

# SK하이닉스

온라인 필기시험
봉투모의고사

/

2회

# 제2회 모의고사

| 언어표현 | 30문항 / 3분 | |
|---|---|---|
| 언어이해 | 20문항 / 7분 | 100문항 / 35분 |
| 창의수리 | 30문항 / 15분 | |
| 자료해석 | 20문항 / 10분 | |

**언어표현** | 30문항을 3분 동안 푸시오.

**01** 다음에 제시된 단어와 같거나 유사한 의미를 지닌 단어는?

| 거론 |
|---|

① 토론　　　　　　　　　② 논쟁
③ 언급　　　　　　　　　④ 언쟁
⑤ 언사

**02** 다음에 제시된 단어와 같거나 유사한 의미를 지닌 단어는?

| 작금 |
|---|

① 금세　　　　　　　　　② 요즈음
③ 현실　　　　　　　　　④ 오늘
⑤ 근간

**03** 다음에 제시된 단어와 같거나 유사한 의미를 지닌 단어는?

| 타계 |
|---|

① 타파　　　　　　　　　② 계통
③ 영면　　　　　　　　　④ 숙면
⑤ 단잠

**04** 다음에 제시된 단어와 같거나 유사한 의미를 지닌 단어는?

| 낭설 |
|---|

① 서설            ② 구설
③ 전설            ④ 헛소문
⑤ 설화

**05** 다음에 제시된 단어와 같거나 유사한 의미를 지닌 단어는?

| 기량 |
|---|

① 기술            ② 재능
③ 재수            ④ 계책
⑤ 양보

**06** 다음에 제시된 단어와 반대의 의미를 지닌 단어는?

| 우연 |
|---|

① 인과            ② 결과
③ 현상            ④ 필수
⑤ 필연

**07** 다음에 제시된 단어와 반대의 의미를 지닌 단어는?

| 저가 |
|---|

① 가격            ② 안가
③ 귀가            ④ 염가
⑤ 최저가

**08** 다음에 제시된 단어와 반대의 의미를 지닌 단어는?

> 입체적

① 전형적　　　　　　　② 구체적
③ 사실적　　　　　　　④ 평면적
⑤ 현실적

**09** 다음에 제시된 단어와 반대의 의미를 지닌 단어는?

> 시초

① 애초　　　　　　　　② 궁극
③ 결과　　　　　　　　④ 종전
⑤ 정리

**10** 다음 중 반의어 관계가 아닌 것은?

① 획득 : 상실　　　　　② 걸작 : 졸작
③ 공헌 : 기여　　　　　④ 사치 : 검소
⑤ 냉각 : 가열

**11** 다음 중 유의어 관계가 아닌 것은?

① 풍부 : 윤택　　　　　② 곰살궂다 : 살갑다
③ 숙명 : 천명　　　　　④ 간섭 : 방임
⑤ 합치 : 일치

**12**  다음 중 단어와 그 의미가 바르게 연결되지 않은 것은?

① 고명딸 – 어린 딸
② 몽니 – 받고자 하는 대우를 받지 못할 때 내는 심술
③ 선웃음 – 우습지도 않은데 꾸며서 웃는 웃음
④ 추렴 – 여럿이 각각 얼마씩 돈을 내어 거둠
⑤ 자리끼 – 자다가 마시기 위해 미리 준비하여 두는 물

**13**  다음 중 단어와 그 의미가 바르게 연결되지 않은 것은?

① 톳 – 김을 묶어 세는 단위
② 죽 – 마소에 실은 짐을 세는 단위
③ 코 – 뜨개질할 때 눈마다 생겨나는 매듭을 세는 단위
④ 쌈 – 바늘을 묶어 세는 단위
⑤ 쾌 – 북어를 묶어 세는 단위

**14**  다음 밑줄 친 어구의 의미를 바르게 풀이한 것은?

| 그는 내 제안에 대해 단번에 <u>자빡을 쳤다</u>. |
| --- |

① 칭찬해주다.                    ② 승낙하다.
③ 화를 내다.                     ④ 거절하다.
⑤ 무안을 주다.

**15**  다음 밑줄 친 어구의 의미를 바르게 풀이한 것은?

| 키 작은 네게는 <u>십상</u> 좋은 신발이네. |
| --- |

① 솔직히                         ② 일부
③ 전부                           ④ 많이
⑤ 딱

**16** 다음 밑줄 친 단어와 같은 의미로 사용된 것은?

> 빗방울이 유리창을 <u>때린다.</u>

① 그 노래가 내 마음을 <u>때린다.</u>
② 파도가 바위를 <u>때린다.</u>
③ 그는 밤새 술을 <u>때려</u> 마셨다.
④ <u>때리는</u> 사람보다 말리는 놈이 더 밉다.
⑤ 그는 화가 난 나머지 아들의 뺨을 <u>때렸다.</u>

**17** 다음 밑줄 친 단어와 같은 의미로 사용된 것은?

> 그는 입사 20년 만에 사장 자리에 <u>앉게</u> 됐다.

① 위원장 자리에 <u>앉아</u> 무소불위의 권력을 휘둘렀다.
② 가만히 <u>앉아서</u> 구경만 하지 말고 싸움을 말려라.
③ 나이가 드니 얼굴에 기미가 <u>앉는다.</u>
④ 의자에 <u>앉아서</u> 기다렸다.
⑤ 모두 자리에 <u>앉으세요.</u>

**18** 다음 문장의 뜻이 잘 통하도록 빈칸에 적절한 단어를 고르면?

> 실내가 어두워서 누가 누구인지 (　　　)이 안 된다.

① 가름　　　　　　　　　② 가능
③ 갈음　　　　　　　　　④ 감각
⑤ 개염

**19** 다음 빈칸에 공통으로 들어갈 수 있는 단어로 가장 적절한 것은?

> • 열 일 (　　　) 달려왔다.
> • 나를 (　　　) 너희들끼리 놀다니.
> • 골키퍼를 (　　　) 골을 넣었다.

① 마다치 않고　　　　　② 버리고
③ 제치고　　　　　　　④ 밀고
⑤ 빼고

**20** 다음 빈칸에 들어가기에 적절한 말을 차례대로 나열한 것은?

> • 국가 기관의 업무를 (        )하다.
> • 전문가들이 (        )한 바에 의하면 이 그림은 고려 초기의 것이다.
> • 그 이론은 (        )을/를 거치지 않은 것이므로 신뢰할 수 없다.

① 검증, 감정, 감사          ② 검증, 감사, 감정
③ 감정, 감사, 검증          ④ 감사, 검증, 감사
⑤ 감사, 감정, 검증

**21** 주어진 단어들의 관계가 제시된 것과 다른 것은?

> 싱크대 : 주방

① 시소 : 놀이터          ② 책상 : 서재
③ 회전목마 : 놀이동산          ④ 교무실 : 교실
⑤ 책장 : 도서관

**22** 제시된 한 쌍의 단어와 관계가 같아지도록 빈칸에 들어갈 적절한 말을 고르면?

> 무궁화 : 꽃 = 거미 : (        )

① 식물          ② 나비
③ 곤충          ④ 거미줄
⑤ 야생

**23** 제시된 한 쌍의 단어와 관계가 같아지도록 빈칸에 들어갈 적절한 말을 고르면?

> 기자 : 취재 = 배우 : (        )

① 시나리오          ② 영화
③ 드라마          ④ 연기
⑤ 연출

**24** 다음 단어들로부터 공통으로 연상되는 것을 고르면?

| 인디언  독립전쟁  성조기 |
| --- |

① 전쟁                      ② 아메리카
③ 영국                      ④ 인도
⑤ 미국

**25** 다음 단어들로부터 공통으로 연상되는 것을 고르면?

| 휴게소  나들목  요금 |
| --- |

① 길                      ② 고속도로
③ 도로                      ④ 버스
⑤ 자동차

**26** 다음 단어들로부터 공통으로 연상되는 것을 고르면?

| 진눈깨비  사람  수증기 |
| --- |

① 눈                      ② 비
③ 물                      ④ 날씨
⑤ 온도

**27** 다음 중 사자성어의 의미가 잘못 연결된 것은?
① 사고무친(四顧無親) – 의지할 만한 사람이 아무도 없음
② 견강부회(牽强附會) – 이치에 맞지 않는 말을 억지로 끌어 붙여 자기에게 유리하게 함
③ 연목구어(緣木求魚) – 남의 의견에 따라 줏대 없이 움직임
④ 일취월장(日就月將) – 나날이 다달이 자라거나 발전함
⑤ 상전벽해(桑田碧海) – 세상일의 변천이 심함

**28** 다음 사자성어와 의미가 같은 것은?

> 우이독경(牛耳讀經)

① 조삼모사(朝三暮四)　　　　② 마이동풍(馬耳東風)
③ 정저지와(井底之蛙)　　　　④ 각골난망(刻骨難忘)
⑤ 군계일학(群鷄一鶴)

**29** 다음 중 맞춤법에 맞지 않은 문장은?

① 일찌기 그런 일은 없었다.
② 아무튼 다행이다.
③ 우리는 오순도순 잘 지낸다.
④ 네가 먹던 사과를 다오.
⑤ 그런 말을 하면 어떡해.

**30** 다음 문장 중 높임법에 맞는 표현은?

① 어머니, 선생님께서 오셨습니다.
② 할머니, 아버지께서 반지를 선물하셨습니다.
③ 너, 선생님이 빨리 오래.
④ 주례 선생님의 말씀이 계시겠습니다.
⑤ 저희 나라는 미국에 비해 노동 생산성이 낮습니다.

**01** 다음 글의 제목으로 적절한 것은?

교육을 밭 갈고 씨 뿌리며 톱질하고 망치질하고 뜀박질하며 땀을 흘리는 활동을 하거나, 즐거움과 무서움을 느끼기도 하는 심란하고 어지러운 삶의 경험이 아니라고 느끼며, 조용히 생각하고 이치를 궁리하고 자신과 세상을 보는 지식과 이론과 사상을 얻는 것이라 여기는 사람들은 듀이의 교육론을 그야말로 아무런 가치 없는 이론이라고 여겼다. 그들은 교육이란 과거부터 그랬거니와 지금도 앞으로도 지식을 획득하고 이해하고 탐구하는 일에 관한 것이며, 지식이야말로 인간의 마음을 계발하게 하는 것이라 생각했다. 인간의 행복한 상태나 자유로운 상태란 지식의 체계를 마음에 장식하고 있는 상태라고 여겼다.

① 듀이 교육론의 현대적 적용
② 듀이 교육론의 내용
③ 듀이 교육론의 가치
④ 듀이 교육론의 이론적 배경
⑤ 듀이 교육론에 대한 반론

**02** 다음 글의 주제로 가장 적절한 것은?

인간이 전적으로 교육을 통해 변할 수는 없다 할지라도, 교육이 인간의 됨됨이를 형성하는 데 지대한 역할을 한다는 것은 새삼스럽게 논할 필요가 없을 것이다. 한 인간이 어떤 인간으로 형성되는가는 그가 어떤 교육을 받았는가에 크게 좌우된다. 그렇다면 어떤 교육을 실시해야 하는가의 문제는 참으로 중요한 과제라 하겠다. 물론, 지식 교육은 매우 중요하다. 그러나 지식 교육만 받은 사람은 로봇이나 컴퓨터 등의 기계와 큰 차이가 없을 것이다. 인간은 단순히 유입되는 정보를 무비판적으로 축적했다가 자극에 따라 무비판적으로 유출시키는 수동적인 기계가 아니다. 어떤 정보든 그것이 참이라면 왜 참인가를 묻고, 그 이유의 건전성을 수긍할 수 있어야 그 정보를 자신의 인식 체계 속에 허용하는 것이다.

① 기계와 인간의 차이점은 무엇인가?
② 인간은 어떻게 형성되는가?
③ 교육의 본질은 무엇인가?
④ 교육이 나아갈 방향은 무엇인가?
⑤ 지식교육의 중요성이 커지는 배경은 무엇인가?

**03**  다음 글의 제목으로 가장 적절한 것은?

> 페니실린은 인류를 박테리아로 인한 죽음의 위협에서 해방시켰다. 그러나 페니실린 개발 이후 1년 만에 페니실린에 내성을 지닌 박테리아가 출현하여 강력한 항생제인 메티실린이 개발되었다. 또, 메티실린에도 내성을 가진 황색 포도상구균이 등장하여 이들을 치료하기 위해 반코마이신이 개발되었는데, 최근에는 반코마이신으로도 치료되지 않는 박테리아가 발견되었다고 한다.

① 박테리아의 진화과정
② 의약품의 진화과정과 과다사용
③ 페니실린이 인류에 끼친 영향
④ 박테리아의 발견
⑤ 항생제의 유용성

**04**  다음 글의 주제로 가장 적절한 것은?

> 소액주주의 권익을 보호하고, 기업 경영의 투명성을 높여 궁극적으로 자본시장에서 기업의 원활한 자금 조달과 기업의 중장기적인 가치를 제고해 나가기 위해서도 집단 소송제 도입이 필요하다. 즉, 집단 소송제의 도입은 국민 경제뿐만 아니라 기업 스스로의 가치 제고를 위해서도 바람직한 것이다. 현재 집단 소송제를 시행하고 있는 미국의 경우는 전 세계적으로 자본시장이 가장 발달되었으며 시장의 투명성과 공정성이 높아 기업들의 높은 투자가치를 인정받고 있다.

① 집단 소송제는 시장에 의한 기업 지배 구조 개선을 가능하게 한다.
② 집단 소송제를 도입할 경우 경영의 투명성이 높아져 결국 기업에 이득이 된다.
③ 기업의 투명성과 공정성은 집단 소송제의 시행의 유무에 따라 판단된다.
④ 제도를 도입함으로써 제기되는 부작용은 미국의 경험과 사례로 방지할 수 있다.
⑤ 집단 소송제 도입은 장기적으로 국가 경제 전체에 이득이 된다.

**05**  다음 글의 주제로 가장 적절한 것은?

> 백제의 마지막 수도였던 부여는 북쪽과 서쪽이 높고 남쪽과 동쪽은 낮다. 이 높낮이를 따라서 금강이 S자 모양으로 관통하여 흐른다. 북서쪽이 높은 것은 차령산맥의 끝자락에 위치하기 때문이다. 반면 남동쪽은 금강이 만든 충적평야와 낮은 산지로 되어 있고 호남평야에 이어져 있어 고도가 낮고 평평하다.

① 백제의 형성 과정　　　　　　　② 부여의 지리적 특성
③ 부여가 수도가 된 이유　　　　　④ 부여의 고도가 낮은 이유
⑤ 부여의 역사

**06** 다음 글의 제목으로 가장 적절한 것은?

> 김치냉장고가 없던 시절에 김장을 하려면 먼저 날짜를 잡아야 했다. 김치를 담그고 보관하는 것이 날씨의 영향을 크게 받기 때문이다. 갑자기 날씨가 추워지면 채소가 얼어버릴 수 있으므로 따뜻한 날에 김장을 해야 한다. 기온이 크게 떨어지기 3~4주 전이 김장하기 가장 좋은데, 이는 3~4주 동안 김치를 적당히 익힌 후 낮은 온도에서 보관하기 위해서이다.

① 김장 시기를 결정하는 방법
② 추운 겨울에 김치를 보관하는 방법
③ 김장 시기에 따라 다른 김치 맛의 변화
④ 날씨를 고려해 김장 시기를 정하는 이유
⑤ 김치냉장고가 김장 시기에 미친 영향

**07** 다음 글의 내용과 일치하지 않는 것은?

> 방언 속에는 옛말이 많이 남아 있어서, 국어의 역사를 연구하는 데 큰 도움이 된다. 아울러 방언은 특정 지역이나 계층의 사람들끼리 사용하기 때문에 그것을 사용하는 사람들 사이에 친근감을 느끼게 해준다. 또한 방언 속에는 우리 민족의 정서와 사상이 들어 있어 우리의 전통이나 풍습을 이해하는 데 도움을 준다. 방언이 문학 작품에 사용되면 현장감을 높이고 작품의 향토적 분위기를 조성하는 역할을 하며, 독자의 흥미를 높이기도 한다.

① 방언은 국어사 연구에 유용하다.
② 방언은 사용하는 사람들 사이에 친근감을 들게 한다.
③ 예전에 사용하던 방언과 현재 사용하는 방언은 동일하다.
④ 방언은 민족의 전통과 풍습을 이해하는 데 도움을 준다.
⑤ 방언은 문학 작품의 완성도를 높이는 역할을 한다.

**08** 다음 글을 읽고 알 수 없는 것은?

> 동양에서는 풍경화가 일찍부터 발달하였지만 서양에서는 한참 후에야 등장하였다. 여기에는 자연과 우주를 바라보는 두 문화권의 시각 차이가 깔려 있다. 동양의 사유 방식에서는 세계와 하나 됨을 지향하는 반면, 서양에서는 자아를 대립 관계 속에 놓여 있는 것으로 보는 개별적 주관성을 강조한다. 동양에서는 일찍이 자연을 인간과 교감을 나누는 존재라 생각했기 때문에 물아일체의 정신에 바탕을 두고 산수화를 그렸다. 그러나 서양의 정신체계 속에서는 이 같은 태도가 근본적으로 불가능했다.

① 동양에서 산수화가 일찍부터 발달한 이유
② 서양에서 풍경화가 등장한 시기
③ 세계를 바라보는 서양의 사유 방식
④ 산수화의 밑바탕이 되는 동양의 사유 방식
⑤ 자연과 우주를 바라보는 동서양의 시각 차이

**09**  다음 글을 읽고 알 수 없는 것은?

> 카페에서 공부하는 사람들, 이른바 '카공족'은 카페가 도서관이나 독서실보다 접근성이 좋은 데다, 카페
> 에서 들리는 적절한 백색소음과 무료 와이파이 제공 카페의 증가로 늘어나기 시작했다. 이들이 장시간
> 자리를 차지함에 따라 매출에 영향을 받는 카페들이 늘어나면서 카공족 논란은 사회적 이슈로 부상하기
> 시작했다. 일부 카페에서는 카공족의 출입을 막기 위해 매장 이용 시간을 2~3시간으로 제한하거나 노
> 스터디 존을 운영하는 방식을 시행하고 있다.

① 카공족의 정의                      ② 카공족이 늘어난 이유
③ 카공족이 카페 매출에 미치는 영향      ④ 카공족 증가로 인한 순기능
⑤ 카공족을 막기 위한 방법

**10**  다음 글의 내용과 일치하지 않는 것은?

> 장마는 북태평양 기단과 오호츠크해 기단이 만나서 생기는 전선이 장시간 많은 비를 몰고 오는 기상현상
> 으로, 대개 6월 하순부터 8월 초에 걸쳐 우리나라와 중국, 일본 등 극동지방에서만 나타나는 기상특징
> 중 하나이다. 차고 습한 성질을 가진 오호츠크해 고기압 세력과 무더운 성질을 가진 북태평양 고기압
> 세력이 우리나라 부근에서 서로 만났을 때 그 경계면이 우리나라 부근에서 동서로 길게 자리 잡게 된다.
> 이 장마전선은 오호츠크해 기단 세력이 약해지면서 조금씩 북쪽으로 올라가는데, 이때 규칙적으로 올라
> 가는 것이 아니라 장마전선 양쪽 고기압의 세력 여하에 따라 오르락내리락을 반복한다. 장마전선이 우리
> 나라에 완전히 상륙하게 되면 북태평양 고기압으로부터 고온·다습한 열대기류가 전선상에 흘러 들어오
> 기 때문에 자연적으로 집중호우가 내리게 된다.

① 장마는 주로 6월에서 8월 사이 나타난다.
② 장마는 우리나라를 비롯해 극동지방에만 나타나는 기상특징이다.
③ 장마전선은 보통 우리나라 동서로 길게 자리 잡으며, 오르락내리락을 반복한다.
④ 장마는 서로 다른 성질을 가진 고기압과 저기압 세력이 만나 발생한다.
⑤ 장마전선이 완전히 상륙하면 집중호우가 내린다.

**11**  다음 글의 빈칸에 들어가기에 가장 적절한 말은?

> 애플은 iOS라는 자체 운영 체제(OS)를 운영하며, 의도적으로 타사와 호환이 되지 않는 자신만의 생태계
> 를 구축해 왔다. 이 때문에 애플 제품을 한번 사용하기 시작하면 그 생태계에서 좀처럼 빠져나가기가
> 쉽지 않다. 이와 같은 (      ) 애플의 생태계는 애플을 지금의 위치로 성장하게 한 가장 큰 성공 요인으
> 로 꼽힌다.

① 혁신적인                      ② 고차원적인
③ 보수적인                      ④ 폐쇄적인
⑤ 개방적인

**12** 다음 글의 내용상 밑줄 친 부분에 올 문장으로 가장 적절한 것은?

> 천발지진의 발생은 탄성반발설로 설명한다. 가령 나무막대의 양 끝에 반대방향의 힘을 작용하면 중간 부분이 굽어지다가 변형의 한계에 이르면 막대가 부러진다. 이때 부러진 부분이 격렬하게 진동한다. 지각의 경우도 마찬가지다. 지각에 서로 반대방향의 힘이 작용하면 중간 부분이 변형되다가 결국 깨어지고 만다. 이때 국지적으로 모여 있던 탄성에너지가 순간적으로 파동에너지로 바뀌며 진동이 사방으로 전파된다. _____

① 진동은 단시간에 끝난다.
② 진동은 오랜기간 이어진다.
③ 이 현상이 바로 지진이다.
④ 탄성반발계수가 커질수록 진동은 작아진다.
⑤ 국지적 진동이 전지적으로 퍼질 수는 없다.

**13** 다음 문장들을 순서대로 가장 적절하게 배열한 것은?

> ㉠ 따라서 최초의 생명은 바다에서 출현했음을 알 수 있다.
> ㉡ 지구는 46억 년 전쯤에 우주 공간의 가스와 먼지가 응축하여 만들어졌다.
> ㉢ 화석이 그러한 사실을 증명해주고 있다.
> ㉣ 그리고 40억 년 전쯤 원시 지구의 바다에서 생명이 싹텄다.

① ㉡ - ㉠ - ㉣ - ㉢         ② ㉡ - ㉠ - ㉢ - ㉣
③ ㉡ - ㉢ - ㉠ - ㉣         ④ ㉡ - ㉣ - ㉠ - ㉢
⑤ ㉡ - ㉣ - ㉢ - ㉠

**14** 다음 문장들을 순서대로 가장 적절하게 배열한 것은?

> ㉠ 세계은행에서 나온 통계표는 세계 여러 나라를 1인당 국민소득을 기준으로 하여 고소득국, 중소득국, 저소득국으로 분류하고 있다.
> ㉡ 선진국과 후진국을 구별하는 경제지표는 여러 가지가 있는데, 그중 대표적인 것이 1인당 국민소득이다.
> ㉢ 왜냐하면 다른 측면에서는 선진적인데 유독 1인당 국민소득만 낮은 나라는 없기 때문이다.
> ㉣ 겉으로는 고소득국이나 저소득국이라는 표현을 썼지만, 실제로 선진국이나 후진국이라는 의미로 보아도 무방하다.

① ㉠ - ㉡ - ㉢ - ㉣         ② ㉣ - ㉢ - ㉡ - ㉠
③ ㉢ - ㉠ - ㉡ - ㉣         ④ ㉢ - ㉡ - ㉠ - ㉣
⑤ ㉡ - ㉠ - ㉣ - ㉢

**15** 다음 문장들을 순서대로 가장 적절하게 배열한 것은?

> ㉠ 이제 기업들은 이들 얼리어답터를 사로잡지 못하고는 성공하기가 점점 어려워지고 있다.
> ㉡ 이런 가운데 신제품을 제일 먼저 사용해 보고 그 사용 경험을 전파하는 얼리어답터(early adopter)가 주목을 받고 있다.
> ㉢ 요즘은 하루가 다르게 최신 제품이 쏟아져 나오고 있다.
> ㉣ 특히 한국의 얼리어답터들은 전 세계적으로 유래없는 활발한 활동을 보이며 시장에 큰 영향력을 행사하고 있다.

① ㉢ - ㉡ - ㉣ - ㉠          ② ㉠ - ㉣ - ㉡ - ㉢
③ ㉢ - ㉣ - ㉠ - ㉡          ④ ㉢ - ㉠ - ㉡ - ㉣
⑤ ㉠ - ㉣ - ㉢ - ㉡

**16** 다음 글을 읽고 빈칸에 알맞은 접속어를 고르면?

> 벼락은 공기 중의 전하를 띤 물방울들이 모여 있다가 순간적으로 전하들이 지상으로 떨어질 때 발생한다.
> (     ) 공기 중의 물방울들이 집중적으로 많이 모인 먹구름이 있을 때 벼락이 발생할 가능성이 높다.

① 그런데          ② 따라서
③ 그리고          ④ 그러나
⑤ 그럼에도 불구하고

**17** 다음 글을 읽고 빈칸에 알맞은 접속어를 고르면?

> 그는 좋은 평가를 받은 것이 내심 기뻤다. (     ) 그를 부러워하는 동료들 때문에 내색하지 않았다.

① 왜냐하면          ② 그러나
③ 그래서          ④ 또한
⑤ 반면

**18** 다음 연구팀이 내린 결론에 대한 평가로 적절한 것은?

> 우리 연구팀은 지난 20년 동안 대기업의 직장인을 대상으로 음주량과 승진 및 간암 사이의 관계를 추적해 왔다. 10대 재벌그룹 산하의 대기업에 근무하는 사원에서 과장급 남자 가운데 소주로 환산한 기준으로 일주일에 1병 미만을 마시는 사람 100명, 1병 이상~3병 미만 100명, 3병 이상 마시는 사람 100명을 대상으로 표본을 수집하여 세 개의 표본을 구성했다. 그 표본들에 대해 지난 20년 동안 승진 및 간암 발병률을 조사해 보았더니 술을 많이 마시는 사람들로 구성된 표본일수록 승진을 잘했지만 간암 발병률도 높아진다는 사실이 드러났다. 이러한 사실로부터 음주량이 출세 및 간암의 주요한 인과적 원인이라고 결론 내렸다.

① 출세와 건강을 병행할 수 있다는 사실이 드러나면 그 결론은 강화되지 않는다.
② 출세를 강하게 희망하는 사람일수록 간암 발병률이 높아진다는 결과를 얻는다 해도 그 결론은 강화되지 않는다.
③ 간암을 일으키는 원인으로 음주량 외에 다른 요인이 밝혀지더라도 그 결론은 약화되지 않는다.
④ 출세와 건강 가운데 택일하라는 물음에 응답률이 높다고 해도 그 결론이 강화되지는 않는다.
⑤ 쥐 실험에서 알코올을 많이 섭취한 쥐일수록 간암 발병률이 높아지더라도 그 결론은 강화되지 않는다.

**19** 다음 글의 글쓴이의 관점과 가장 거리가 먼 것은?

> 우리는 사람의 인상에 대해서 "선하게 생겼다." 또는 "독하게 생겼다."라는 판단을 할 뿐만 아니라 사람의 인상을 중요시한다. 오래전부터 사람의 얼굴을 보고 그 사람의 길흉을 판단하는 관상의 원리가 있었다. 관상의 원리를 어떻게 받아들여야 할까? 관상의 원리가 받아들일 만하다면, 얼굴이 검붉은 사람은 육체적 고생을 하기 마련이다. 그런데 우리는 주위에서 얼굴이 검붉지만 육체적 고생을 하지 않고 편하게 살아가는 사람을 얼마든지 볼 수 있다. 관상의 원리가 받아들일 만하다면 우리가 사람의 얼굴에 대해서 갖는 인상이란 한갓 선입견에 불과한 것이 아니다. 사람의 인상이 평생에 걸쳐 고정되어 있다고 할 수 있는 경우에만 관상의 원리는 받아들일 만하다. 또한 관상의 원리가 받아들일 만하지 않다면, 관상의 원리에 대한 과학적 근거를 찾으려는 노력은 헛된 것이다. 실제로 많은 사람들이 관상의 원리가 과학적 근거를 가질 것이라고 기대한다. 그런데 우리는 자주 관상가의 판단이 받아들일 만하다고 느끼고, 그런 느낌 때문에 관상의 원리가 과학적 근거를 가질 것이라고 기대하는 것이다. 관상의 원리가 실제로 과학적 근거를 갖는지의 여부는 논외로 하더라도, 관상의 원리에 대하여 과학적 근거가 있을 것이라고 기대하는 사람은 관상의 원리에 의존하는 것이 우리의 삶에 위안을 주는 필요조건 중의 하나라고 믿는다.

① 관상의 원리는 받아들일 만한 것이 아니다.
② 우리가 사람의 얼굴에 대해서 갖는 인상이란 선입견에 불과하다.
③ 사람의 인상은 평생에 걸쳐 고정되어 있다고 할 수 있다.
④ 관상의 원리에 대한 과학적 근거를 찾으려는 노력은 헛된 것이다.
⑤ 관상의 원리가 과학적 근거를 가진다고 기대하는 사람들은 관상의 원리가 삶에 위안을 줄 수 있다고 믿는다.

**20** 다음 글에서 추론할 수 있는 것은?

> 호주 시드니 근교에서 한 사람이 낚싯대로 큰 상어를 낚았는데, 놀랍게도 상어 뱃속에서 시체가 나왔다. 그런데 더 놀라운 것은 그의 주머니에서 '더 타임스'라는 신문이 나온 것이다. 그 신문에는 바로 1주일 전 제1차 세계대전이 일어났다는 뉴스가 대문짝만하게 실려 있었다. 이 기사를 본 낚시꾼은 나름대로 머리를 써서 주위의 땅을 모두 빌려 콩을 심었다. 당시의 통신 수단으로는 런던의 소식이 호주까지 오는 데 대략 두 달쯤 걸렸는데, 상어가 일주일 만에 그 소식을 전해준 덕분에 그는 전쟁 시 필요했던 콩을 수확하여 큰 부자가 될 수 있었다.

① 성공하기 위해서는 인내심을 가져야 한다.
② 하늘은 스스로 돕는 자를 돕는다.
③ 기다리고 있으면 얻는 것이 있다.
④ 정보의 생명은 시간이다.
⑤ 준비된 자가 기회를 잡을 수 있다.

**창의수리** | 30문항을 15분 동안 푸시오,

**01** 다음 식을 계산한 값을 고르면?

$$11 \times 6 - 4 \times 8$$

① 48          ② 37
③ 34          ④ 33
⑤ 31

**02** 다음 식을 계산한 값을 고르면?

$$128 \div 2 - 53 + 17$$

① 26          ② 28
③ 31          ④ 32
⑤ 33

**03** 다음 식을 계산한 값을 고르면?

$$15 \times 6 - 30 \div 6$$

① 95          ② 90
③ 85          ④ 80
⑤ 75

**04** 다음 식을 계산한 값을 고르면?

$$0.5 \times 15 + 0.4 \times 30$$

① 19.5          ② 20
③ 20.5          ④ 21
⑤ 21.5

**05** 다음 식을 계산한 값을 고르면?

$$1.15 + 8.3 + 4.37$$

① 13.82          ② 13.02

③ 14.02          ④ 14.12

⑤ 14.32

**06** 다음 식의 빈칸에 들어갈 값을 고르면?

$$(\qquad) + 12 - 3 = 60$$

① 64          ② 62

③ 55          ④ 53

⑤ 51

**07** 다음 식의 빈칸에 들어갈 값을 고르면?

$$18 \times (\qquad) - 10 = 98$$

① 4          ② 5

③ 6          ④ 7

⑤ 9

**08** 다음 식의 빈칸에 들어갈 값을 고르면?

$$(\qquad) \times 8 - 46 = 66$$

① 13          ② 14

③ 16          ④ 17

⑤ 19

**09** 다음 식을 계산했을 때 가장 작은 수가 나오는 것은?

① $101 - 58 + 7$      ② $72 - 15 + 18$

③ $81 - 13 + 11$      ④ $32 + 23 + 2$

⑤ $35 + 110 \div 11$

**10** 다음 식을 계산했을 때 가장 큰 수가 나오는 것은?

① $51 - 30 + 4$      ② $22 + 14 - 11$

③ $38 + 4 - 2 - 9$      ④ $34 - 21 - 5 + 14$

⑤ $22 + 10 - 15$

**11** 다음 A와 B의 대소를 비교하면?

$$A = 88 - 13 \times 4$$
$$B = 8 \times 15 - 65$$

① $A > B$      ② $A < B$

③ $A = B$      ④ $A \geq B$

⑤ $A \leq B$

**12** 다음 A와 B의 대소를 비교하면?

$$A = 28.5 - 4.3 - 9.6$$
$$B = 25 + 10.3 - 4$$

① $A > B$      ② $A < B$

③ $A = B$      ④ $A \geq B$

⑤ $A \leq B$

**13** 다음 A와 B의 대소를 비교하면?

A = 99, 80, 72, 65의 평균
B = 82.8, 98.8, 75.2의 평균

① A > B      ② A < B
③ A = B      ④ A ≥ B
⑤ A ≤ B

**14** 다음 식의 □와 △에 알맞은 수를 바르게 나열한 것은?

$504 \div 6 = 8\square$
$82 - 49 = 3\triangle$

① 2, 3      ② 2, 4
③ 4, 3      ④ 3, 4
⑤ 3, 3

**15** 다음 중 가장 큰 수는?

① $3^2$      ② $2^2 + 4$
③ $\dfrac{42}{5}$      ④ $\dfrac{29}{3}$
⑤ $4^2 - 2^2$

**16** 2할 6푼을 백분율로 바르게 변환한 것은?

① 0.206%      ② 0.26%
③ 2.6%      ④ 20.6%
⑤ 26%

**17**  다음 단위를 적절하게 변환하여 빈칸에 알맞은 값을 고르면?

| 19cm = (        )m |
| --- |

① 0.000019                      ② 0.00019
③ 0.0019                        ④ 0.019
⑤ 0.19


**18**  다음 단위를 적절하게 변환하여 빈칸에 알맞은 값을 고르면?

| 140t = (        )kg |
| --- |

① 1,400                        ② 14,000
③ 140,000                    ④ 1,400,000
⑤ 14,000,000


**19**  다음 단위를 적절하게 변환하여 빈칸에 알맞은 값을 고르면?

| 20MB = (        )KB |
| --- |

① 20,000                        ② 20,480
③ 22,000                        ④ 24,000
⑤ 24,800


**20**  다음 숫자들의 배열 규칙을 찾아 빈칸에 들어갈 알맞은 숫자를 고르면?

| 7   10   9   9   11   8   13   7   15   (    ) |
| --- |

① 18                        ② 13
③ 9                          ④ 6
⑤ 3

**21** 다음 숫자들의 배열 규칙을 찾아 빈칸에 들어갈 알맞은 숫자를 고르면?

| 8 9 11 14 18 23 ( ) |
| --- |

① 29                  ② 30

③ 31                  ④ 32

⑤ 33

**22** 다음 숫자들의 배열 규칙을 찾아 빈칸에 들어갈 알맞은 숫자를 고르면?

| 14 15 13 16 12 17 ( ) |
| --- |

① 7                  ② 11

③ 13                  ④ 23

⑤ 25

**23** 다음 숫자들의 배열 규칙을 찾아 ?에 들어갈 알맞은 숫자를 고르면?

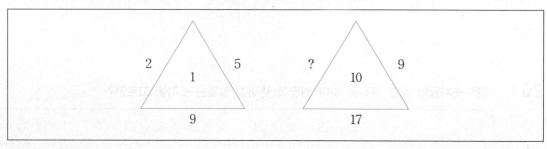

① 3                  ② 5

③ 6                  ④ 7

⑤ 9

**24** 다음 숫자들의 배열 규칙을 찾아 ?에 들어갈 알맞은 숫자를 고르면?

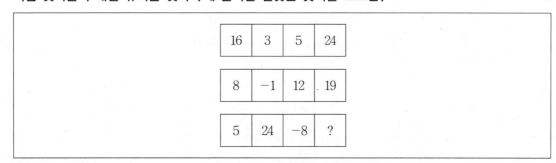

| 16 | 3 | 5 | 24 |
|----|----|----|----|

| 8 | −1 | 12 | 19 |
|----|----|----|----|

| 5 | 24 | −8 | ? |
|----|----|----|----|

① 17        ② 19
③ 21        ④ 23
⑤ 25

**25** 다음 숫자들의 배열 규칙을 찾아 ?에 들어갈 알맞은 숫자를 고르면?

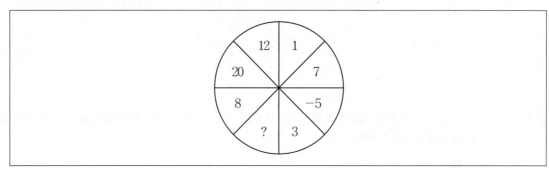

① 9        ② 11
③ 12        ④ 14
⑤ 17

**26** 7명이 하면 54시간 걸리는 일이 있다. 이 일을 18시간 만에 마치려고 하면 몇 명이 일을 해야 하는가?

① 18명        ② 21명
③ 24명        ④ 26명
⑤ 27명

**27** 소금 50g을 450g의 물에 녹이면 몇 % 농도의 소금물이 만들어지는가?

① 5%                    ② 9%

③ 10%                   ④ 12%

⑤ 15%

**28** 오리와 개를 합하여 총 62마리의 동물이 있는데, 동물들의 발의 수는 모두 196개이다. 이때 오리는 몇 마리가 있는가?

① 26마리                 ② 28마리

③ 30마리                 ④ 32마리

⑤ 33마리

**29** 철수는 오늘 5,500원을 예금했는데, 오늘 예금한 돈은 어제 예금한 돈의 3배보다 400원이 많다고 한다. 어제 예금한 돈은 얼마인가?

① 1,500원               ② 1,700원

③ 1,800원               ④ 1,900원

⑤ 2,100원

**30** 16km의 등산로를 걸어서 올라갈 때는 시속 4km의 속도로, 내려올 때는 올라갈 때의 2배 속도로 걸었다. 등산로를 왕복하는 데 몇 시간이 걸렸겠는가?

① 10시간                 ② 9시간

③ 8시간                  ④ 6시간

⑤ 5시간

**01** 다음은 연령별 주요 사망원인 및 순위에 대한 자료이다. 이에 대한 설명으로 옳지 않은 것은?

(단위 : 인구 10만 명당 명)

| 구분 | | 0세 | 1~9세 | 10~19세 | 인구 전체 |
|---|---|---|---|---|---|
| 1위 | 원인 | 주산기질환 | 운수사고 | 운수사고 | 악성신생물 |
| | 사망률 | 292.1 | 7.8 | 9.4 | 123.5 |
| 2위 | 원인 | 선천성 기형 | 악성신생물 | 악성신생물 | 뇌혈관질환 |
| | 사망률 | 115.4 | 3.4 | 4.3 | 73.8 |
| 3위 | 원인 | 영아급사증후군 | 익수사고 | 자살 | 심장질환 |
| | 사망률 | 515.3 | 3.0 | 3.3 | 34.2 |
| 4위 | 원인 | 심장질환 | 선천성 기형 | 익수사고 | 당뇨병 |
| | 사망률 | 5.8 | 2.1 | 2.2 | 23.8 |
| 5위 | 원인 | 기타 급성하기도감염 | 추락사고 | 심장질환 | 간질환 |
| | 사망률 | 4.6 | 1.8 | 1.2 | 22.3 |

① 심장질환은 0세를 포함한 19세 이하의 인구와 인구 전체에 대하여 사망원인 1~5위 안에 포함되는 주요 사망원인이다.

② 인구 전체를 놓고 볼 때 자살은 1~5위에 포함되는 주요 사망원인은 아니지만, 10~19세의 연령대에서는 1~5위에 포함되는 주요 사망원인이다.

③ 0세 영아 가운데 선천성 기형으로 사망하는 비율은 인구 10만 명당 100명을 넘는다.

④ 추락사고가 주요 사망원인에 포함되는 연령대는 1~9세뿐이다.

⑤ 간질환은 19세 이하의 인구에 대해서는 사망원인 1~5위 안에 포함되지 않는다.

**02** 다음은 Z자동차 회사의 고객만족도 조사 결과에 대한 자료이다. 출고시기에 관계 없이 전체 조사 대상 중에서 1,350명이 안전성을 장점으로 선택했다면, 이 설문에 응한 고객은 모두 몇 명인가?

(단위 : %)

| 구분 | 1~12개월(출고시기별) | 13~24개월(출고시기별) | 고객 평균 |
|---|---|---|---|
| 안전성 | 41 | 48 | 45 |
| A/S의 신속성 | 19 | 17 | 18 |
| 정숙성 | 2 | 1 | 1 |
| 연비 | 15 | 11 | 13 |
| 색상 | 11 | 10 | 10 |
| 주행 편의성 | 11 | 9 | 10 |
| 차량 옵션 | 1 | 4 | 3 |
| 계 | 100 | 100 | 100 |

① 2,500명　　　　　　　　　　② 3,000명
③ 3,500명　　　　　　　　　　④ 4,000명
⑤ 4,500명

**03** 다음은 15세 이상 인구의 신문구독 경향과 만족도를 성별, 교육수준별로 제시한 자료이다. 이때 15세 이상의 인구 중 신문을 거의 매일 본다고 응답한 사람은 약 몇 %인가?

(단위 : %)

| 구분 | | 안 본다 | 본다 | 신문을 보는 빈도 | | | | 만족도 | |
|---|---|---|---|---|---|---|---|---|---|
| | | | | 거의 매일 | 1주에 3~4회 | 1주에 1~2회 | 2주에 1회 | 만족 | 불만족 |
| 15세 이상 인구 전체 | | 36.2 | 63.8 | 60.1 | 20.6 | 15.1 | 4.2 | 36.2 | 63.8 |
| 성별 | 남자 | 27.3 | 72.7 | 66.6 | 18.9 | 11.6 | 2.9 | 27.3 | 72.7 |
| | 여자 | 44.6 | 55.4 | 51.7 | 22.7 | 19.8 | 5.9 | 44.6 | 55.4 |
| 교육 수준별 | 초졸 이하 | 79.7 | 20.3 | 46.2 | 22.2 | 22.2 | 9.6 | 79.7 | 20.3 |
| | 중졸 | 44.4 | 55.6 | 47.6 | 23.7 | 21.9 | 6.9 | 44.4 | 56.6 |
| | 고졸 | 27.7 | 72.3 | 58.6 | 22.1 | 15.5 | 3.8 | 27.7 | 72.3 |
| | 대졸 이상 | 14.0 | 86.0 | 70.6 | 16.7 | 10.3 | 2.4 | 14.0 | 86.0 |

※ 신문을 보는 사람들을 기준으로 빈도 및 만족도별 %를 산정하였음

① 60.1%　　　　　　　　　　② 51.7%
③ 46.5%　　　　　　　　　　④ 41.2%
⑤ 38.3%

**04** 다음은 노사분규 발생 현황을 나타낸 자료이다. 이에 대한 설명으로 옳지 않은 것은?

| 연도 | 발생건수 (건) | 원인별(건) | | | 분규참가자 수(천 명) | 노동손실일 수(천 일) | 생산차질액 (억 원) |
|---|---|---|---|---|---|---|---|
| | | 단체협약 | 임금인상 | 기타 | | | |
| 2019년 | 129 | 57 | 28 | 44 | 146 | 1,452 | 16,363 |
| 2020년 | 198 | 59 | 40 | 69 | 92 | 1,366 | 18,908 |
| 2021년 | 250 | 167 | 47 | 36 | 178 | 1,894 | 16,357 |
| 2022년 | 235 | 149 | 59 | 27 | 89 | 1,083 | 21,269 |
| 2023년 | 322 | 249 | 44 | 29 | 94 | 1,580 | 17,177 |
| 2024년 | 320 | 249 | 43 | 28 | 137 | 1,299 | 24,972 |
| 2025년 | 462 | 396 | 42 | 24 | 185 | 1,197 | 16,578 |

① 노사분규 발생건수가 전년에 비해 감소한 해에 생산차질액도 감소하였다.
② 임금인상을 원인으로 한 노사분규가 가장 많이 일어났던 해에 노동손실일수가 가장 적었다.
③ 분규 건당 참가자 수가 가장 많았던 해에 노사분규의 발생건수는 가장 적었다.
④ 대체적으로 노사분규 발생의 가장 큰 원인은 단체협약이다.
⑤ 2022년 이후 임금인상을 원인으로 한 노사분규는 줄고 있다.

**05** 다음은 2025년 A시의 연령별 경제활동 인구에 대한 자료이다. 이에 대한 설명으로 옳지 않은 것은?

(단위 : 천 명, %)

| 구분 | 15세 이상 인구 | 경제활동 인구 | 비경제활동 인구 | 경제활동 참가율 | 고용률 |
|---|---|---|---|---|---|
| 15~19세 | 534 | 39 | 495 | 7.2 | 6.3 |
| 20~29세 | 1,426 | 913 | 513 | 64.0 | 58.6 |
| 30~39세 | 1,675 | 1,309 | 366 | 78.1 | 76.0 |
| 40~49세 | 1,596 | 1,266 | 330 | 79.4 | 77.2 |
| 50~59세 | 1,559 | 1,172 | 387 | 75.2 | 73.5 |
| 60세 이상 | 1,775 | 648 | 1,127 | 36.5 | 35.5 |

① A시에는 14세 이하를 제외하고는 60세 이상의 연령층이 가장 많다.
② 경제활동 참가율이 50% 이하인 연령대는 15~19세와 60세 이상이다.
③ 경제활동 참가율과 고용률은 비례관계에 있다.
④ 15~29세에서 비경제활동 인구수는 경제활동 인구수보다 많다.
⑤ 50세 이상에서 경제활동 인구수는 200만 명을 넘는다.

**06** 다음은 어느 해의 제조업 사업장 규모별 사업체 수, 종사자 수, 인건비에 대한 자료이다. 이에 대한 설명으로 옳은 것을 〈보기〉에서 모두 고르면?

| 구분<br>사업장<br>규모별 | 사업체 수(개) | 종사자 수<br>합계(명) | 남자 | 여자 | 인건비(천 원) |
|---|---|---|---|---|---|
| 계 | 326,813 | 3,417,698 | 2,503,517 | 914,181 | 121,279,241 |
| 1명 | 72,202 | 72,202 | 56,104 | 16,098 | 50,503 |
| 2~4명 | 139,937 | 378,361 | 256,817 | 121,544 | 3,705,223 |
| 5~9명 | 52,204 | 353,964 | 252,672 | 101,292 | 7,747,019 |
| 10~19명 | 31,949 | 432,352 | 311,260 | 121,092 | 11,392,213 |
| 20~49명 | 20,926 | 627,047 | 451,457 | 175,590 | 18,465,135 |
| 50~99명 | 5,843 | 399,849 | 291,649 | 108,200 | 14,067,142 |
| 100~199명 | 2,530 | 344,906 | 252,144 | 92,762 | 13,610,426 |
| 200~299명 | 621 | 149,880 | 112,509 | 37,371 | 6,592,901 |
| 300명 이상 | 601 | 659,137 | 518,905 | 140,232 | 45,648,679 |

┌ 보기 ┐
ㄱ 사업장 규모 2~4명의 사업체 수가 가장 많다.
ㄴ 총 인건비가 두 번째로 많은 사업체는 사업장 규모가 50~99명인 사업체들이다.
ㄷ 사업장 규모가 클수록 남녀 직원 비율의 차이가 적다.
ㄹ 전체 종사자 수가 가장 많은 사업체는 300명 이상 규모의 사업장이다.

① ㄱ, ㄷ            ② ㄱ, ㄹ
③ ㄴ, ㄷ            ④ ㄴ, ㄹ
⑤ ㄷ, ㄹ

**07** 다음은 국내여행에 관한 통계 자료이다. 이에 대한 설명으로 옳은 것은?

(단위 : 천 명)

| 구분 | | 2023년 | 2024년 | 2025년 |
|---|---|---|---|---|
| 국내여행 참가자 수 | 숙박여행 | 30,227 | 31,058 | 32,213 |
| | 당일여행 | 28,649 | 30,012 | 30,651 |

① 당일여행 참가자 수는 2023년에 비해 2024년에 감소하였다.
② 숙박여행 참가자 수는 2023년부터 2025년까지 꾸준히 감소하는 추세이다.
③ 숙박여행 참가자 수는 당일여행 참가자 수보다 항상 많다.
④ 당일여행 참가자 수는 2023년부터 2025년까지 꾸준히 감소하는 추세이다.
⑤ 2025년 숙박여행과 당일여행 참가자 수의 차이는 150만 명을 넘지 않는다.

**08** 다음은 가전제품 수출 현황에 대한 자료이다. 이에 대한 설명으로 옳지 않은 것은?

(단위 : 대, %)

| 구분 | | 2021년 | 2022년 | 2023년 | 2024년 | 2025년 |
|---|---|---|---|---|---|---|
| TV | 수량 | 965,764 | 975,609 | 958,731 | 937,605 | 930,754 |
| | 증감률 | 3.4 | 1.0 | -1.8 | -2.3 | -0.7 |
| 냉장고 | 수량 | 1,394,000 | 1,465,426 | 1,474,637 | 1,365,764 | 1,329,609 |
| | 증감률 | 10.9 | 5.1 | 0.6 | -8.0 | -2.8 |
| 세탁기 | 수량 | 2,776,894 | 2,674,300 | 2,847,138 | 2,683,965 | 2,148,862 |
| | 증감률 | 9.6 | -3.9 | 6.1 | -5.7 | -19.9 |

① 냉장고 수출이 가장 큰 폭으로 감소한 해에는 TV와 세탁기 수출도 감소했다.
② 냉장고 수출이 증가했던 해에 TV와 세탁기 수출도 증가했다.
③ 세탁기 수출이 증가했으나 TV나 냉장고 수출이 감소한 해가 있다.
④ TV 수출이 가장 큰 폭으로 증가한 해에 냉장고, 세탁기 수출이 모두 증가했다.
⑤ 2021년에는 TV, 냉장고, 세탁기 수출이 모두 증가했다.

**09** 다음은 가계 금융자산 구성 중 일부와 이를 보고 유리와 종훈이 나눈 대화이다. 대화의 (가)와 (나)에 들어갈 수치로 옳은 것은?

| 구분 | 주식 | 투자신탁 | 채권 | 보험 | 예금 |
|---|---|---|---|---|---|
| 규모(백만 원) | 9 | 14 | 11 | 27 | 35 |
| 보험자산 규모 대비 비중(%) | 33.3 | 51.9 | 40.7 | – | 129.6 |

- 유리 : 가계 금융자산 중 보험자산은 2천 7백만 원이네.
- 종훈 : 응. 주식의 (가)배네.
- 유리 : 채권의 약 (나)배이기도 해.

|  | (가) | (나) |
|---|---|---|
| ① | 3 | 1.5 |
| ② | 3 | 2.5 |
| ③ | 4 | 1.5 |
| ④ | 4 | 2.5 |
| ⑤ | 5 | 2.5 |

**10** 다음은 A기업의 국가별 수출 현황을 나타낸 자료이다. 이에 대한 설명으로 옳은 것은?

(단위 : 대)

| 구분 | 총합 | 냉장고 | 세탁기 |
|---|---|---|---|
| 독일 | 19,888 | 7,809 | 12,079 |
| 프랑스 | 23,822 | 8,090 | 15,732 |
| 말레이시아 | 19,985 | 8,109 | 11,876 |
| 인도 | 26,513 | 10,612 | 15,901 |

① 유럽 국가들은 아시아 국가들과 비교해서 총합 대비 냉장고 대수가 차지하는 비율이 높다.
② 말레이시아와 독일의 냉장고 대수의 비와 세탁기 대수의 비는 약 1:3으로 비슷하다.
③ 총합 대비 냉장고 대수의 비율이 가장 낮은 국가는 프랑스이지만, 그래도 30%를 넘는다.
④ 총합 대비 세탁기의 대수 비율이 가장 높은 국가는 인도이다.
⑤ 독일과 말레이시아의 냉장고 대수를 합해도 인도의 냉장고 대수보다 적다.

**11** 다음은 A서점에서 팔린 책의 판매 비율을 나타낸 자료이다. 이에 대한 설명으로 옳은 것을 〈보기〉에서 모두 고르면?

(단위 : %)

| 종류＼연도 | 2022년 | 2023년 | 2024년 | 2025년 |
|---|---|---|---|---|
| 잡지 | 12 | 15 | 17 | 14 |
| 소설 | 33 | 37 | 23 | 20 |
| 수필 | 22 | 19 | 28 | 16 |
| 수험서 | 18 | 25 | 29 | 37 |
| 기타 | 15 | 4 | 3 | 13 |

보기
┌
ⓐ 수험서의 판매 비율이 매년 증가하고 있다.
ⓑ 수험서의 판매 수량이 증가하고 있다.
ⓒ 2022년 잡지의 판매 비율은 수필책보다 낮다.

① ㉠
② ㉡
③ ㉠, ㉡
④ ㉠, ㉢
⑤ ㉠, ㉡, ㉢

**12** 다음은 경주시의 연도별 교통사고에 대한 자료이다. 이때 (가)와 (나)에 들어갈 수치의 차를 구하면?

| 구분 | 2021년 | 2022년 | 2023년 | 2024년 | 2025년 |
|---|---|---|---|---|---|
| 인명피해 건수 | 3,200 | 3,005 | 4,523 | 5,118 | 4,935 |
| 사망(명) | 742 | 653 | 1,188 | 1,509 | (나) |
| 부상(명) | 2,458 | 2,352 | (가) | 3,609 | 3,972 |

① 2,142
② 2,256
③ 2,372
④ 2,490
⑤ 2,621

**13** 다음은 S기업에서 실시한 직원들의 스마트폰 이용 현황 및 주로 사용하는 애플리케이션에 대한 설문 조사 자료이다. 이에 대한 설명으로 옳은 것을 〈보기〉에서 모두 고르면?

(단위 : %)

| 구분 | 이용률 | 주로 사용하는 애플리케이션 | | | | |
|---|---|---|---|---|---|---|
| | | 메신저 | 게임 | 웹서핑 | 전화 | 기타 |
| A그룹 | 89.7 | 33.1 | 31.5 | 14.4 | 13.4 | 7.6 |
| B그룹 | 93.6 | 40.1 | 26.3 | 16.5 | 12.4 | 4.7 |
| C그룹 | 87.8 | 28.7 | 47.6 | 11.0 | 9.3 | 3.4 |
| D그룹 | 93.6 | 39.6 | 26.3 | 14.7 | 13.9 | 5.5 |

※ 이용률 $= \dfrac{\text{전 그룹의 스마트폰 이용률(\%)}}{\text{전 국민의 스마트폰 이용률(\%)}} \times 100$

┌ 보기 ┌
ⓐ 응답자 중 B그룹과 D그룹의 스마트폰 이용자 수는 동일하다.
ⓑ 응답자 중 각 그룹별 스마트폰 이용률이 상대적으로 가장 낮은 그룹은 C그룹이다.
ⓒ 웹서핑의 이용률이 다른 앱에 비해 가장 낮다.
ⓓ 스마트폰의 앱을 이용하는 A그룹 중 게임과 웹서핑을 주로 사용한다고 응답한 사람의 합은 절반에 미치지 못한다.

① ㉠, ㉡　　　　　　　　② ㉠, ㉢
③ ㉡, ㉢　　　　　　　　④ ㉠, ㉣
⑤ ㉡, ㉣

**14** 다음은 S기업의 신입직원을 대상으로 평균 취업 준비 기간에 대해 조사한 자료이다. 이에 대한 설명으로 옳은 것은?

| 구분 | 평균 | 6개월 미만 | 6개월~1년 | 1~2년 | 2년 이상 |
|---|---|---|---|---|---|
| 대상분포(%) | 100 | 4.8 | 53.8 | 35.5 | 2.6 |
| 사교육비(만 원) | 31 | 23.4 | 32.3 | 38.7 | 29.6 |
| 월 생활비(만 원) | 56.4 | 53.1 | 57.3 | 60.2 | 55.1 |
| 교재비(만 원) | 5.7 | 10.5 | 6.8 | 3.3 | 2.2 |

※ 비용은 한 달을 기준으로 한다.
※ 교재비는 총 비용을 기간으로 나눈 것이다.

① 준비 기간이 길수록 월 사교육비 지출액은 커진다.
② 준비 기간에 상관없이 사교육비보다는 월 생활비가 더 많이 들어간다.
③ 교재비가 가장 많이 들어가는 것은 6개월 미만이다.
④ 사교육비의 증가 추이와 월 생활비의 증가 추이는 무관하다.
⑤ 1~2년 준비하는 사람들의 비율이 가장 높다.

**15** 다음은 S기업 남자 직원들의 가구 유형에 따른 항목별 지출 비율을 나타낸 자료이다. 이에 대한 설명으로 적절하지 않은 것은?

(단위 : %)

| 항목＼유형 | 전체 | 맞벌이 가구 | 외벌이 가구 |
|---|---|---|---|
| 지출 A | 8.2 | 8.6 | 8.0 |
| 지출 B | 19.7 | 17.9 | 20.2 |
| 지출 C | 17.7 | 19.2 | 17.3 |
| 지출 D | 7.4 | 8.5 | 7.1 |
| 지출 E | 7.1 | 7.9 | 6.9 |
| 지출 F | 23.6 | 23.7 | 23.6 |
| 지출 G | 11.5 | 9.9 | 12.0 |
| 지출 기타 | 4.8 | 4.3 | 4.9 |

① 외벌이 가구가 맞벌이 가구보다 지출 B의 비율이 높다.
② 외벌이 가구가 맞벌이 가구보다 지출 C, F의 비율이 높다.
③ 맞벌이 가구가 외벌이 가구보다 지출 F의 비율이 높다.
④ 한 달 동안 200만 원을 지출한다고 했을 때, 가구 유형에 상관없이 지출 D가 20만 원보다 적다.
⑤ 외벌이 가구의 수가 맞벌이 가구의 수보다 더 많다.

**16** 다음은 S대학교의 월별 도서관 이용 현황에 대한 자료이다. 이에 대한 설명으로 옳지 않은 것을 〈보기〉에서 모두 고르면? (단, 총 남학생 수는 3,600명, 총 여학생 수는 3,200명이다.)

(단위 : 명)

| 구분 | 9월 | 10월 | 11월 | 12월 |
|---|---|---|---|---|
| 남학생 | 1,650 | 1,905 | 1,820 | 1,956 |
| 여학생 | 1,331 | 1,753 | 1,897 | 2,110 |
| 전체 | 2,981 | 3,658 | 3,717 | 4,066 |

┌ 보기 ┌
ㄱ 9월과 12월을 비교했을 때 도서관 이용률의 증가폭은 여학생이 남학생보다 크다.
ㄴ 도서관 이용 학생 수가 두 번째로 많은 달은 10월이다.
ㄷ 남학생, 여학생 모두 매월 도서관 이용률은 증가하였다.
ㄹ 9월부터 12월까지 전체 학생의 월별 도서관 이용률은 계속 증가하였다.

① ㄱ, ㄴ  ② ㄱ, ㄷ
③ ㄴ, ㄷ  ④ ㄴ, ㄹ
⑤ ㄷ, ㄹ

**17** 다음은 A전자에서 제조하여 판매하고 있는 세 가지 상품의 매출액에 대한 자료이다. 이에 대한 설명으로 옳은 것은?

(단위 : 백만 원)

| 구분 | 2021년 | 2022년 | 2023년 | 2024년 | 2025년 |
|---|---|---|---|---|---|
| TV | 2,534 | 2,455 | 2,331 | 2,198 | 2,154 |
| 노트북 | 2,550 | 4,406 | 3,487 | 3,290 | 3,416 |
| 휴대폰 | 6,567 | 6,654 | 7,110 | 6,814 | 8,532 |
| 합계 | 13,672 | 15,537 | 14,951 | 14,326 | 16,127 |

① 2025년에 휴대폰 매출이 급증한 이유는 경쟁업체와의 소송에서 승리하였기 때문이다.
② 휴대폰은 2021년부터 2025년까지 지속적으로 매출액이 가장 많다.
③ 2023년에 매출액이 두 번째로 높은 상품은 TV이다.
④ 다른 기간에 비해 TV 매출액이 가장 높았던 해는 2022년이다.
⑤ 2021년부터 총 매출액은 지속적으로 감소하고 있다.

**18** 다음은 2025년 남녀 위염 환자 수를 나타낸 자료이다. 전체 남성 위염 환자 중 70세 이상 환자가 차지하는 비율은 몇 %인가? (단, 소수점 둘째 자리에서 반올림하여 계산한다.)

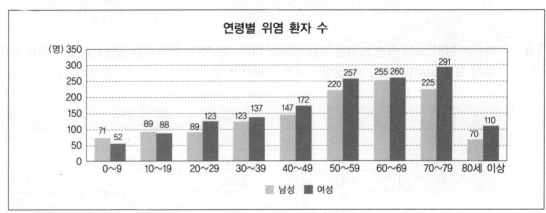

① 22.0%
② 22.9%
③ 23.8%
④ 24.8%
⑤ 26.1%

**19** 다은은 2025년 아시아에서 판매된 자동차의 회사별 판매 대수와 전년 동기 대비 변동지수를 나타낸 자료이다. 이에 대한 설명으로 옳은 것은?

| 자동차 회사 | 판매 대수(대) | 변동지수(전년 동기간 = 100) |
|---|---|---|
| A(유럽) | 1,752,369 | 99.5 |
| B(유럽) | 1,474,173 | 96.6 |
| C(유럽) | 1,072,958 | 103.6 |
| D(미국) | 1,001,763 | 100.3 |
| E(유럽) | 950,832 | 99.8 |
| F(유럽) | 723,627 | 103.0 |
| G(미국) | 630,912 | 95.9 |
| H(일본) | 459,063 | 109.0 |
| I(유럽) | 413,977 | 107.9 |
| J(한국) | 292,675 | 120.6 |
| K(일본) | 137,294 | 124.6 |
| L(일본) | 130,932 | 111.1 |
| 전체 | 9,040,575 | 102.0 |

① 일본과 한국 회사들보다 유럽과 미국계 회사들의 판매 증가율이 높았다.
② K회사의 판매 증가율이 가장 크고, B회사의 판매 감소율이 가장 크다.
③ 4개 기업을 제외하고 모두 작년과 같은 기간에 비해 판매가 줄었다.
④ 작년과 같은 기간 동안 판매된 자동차 수를 비교하면 G회사보다 F회사가 더 많았다.
⑤ 회사 G, I의 판매 대수의 합은 D회사의 판매 대수보다 작다.

**20** 다음은 연도별 7개 기업의 성장률에 대한 자료이다. 이에 대한 설명으로 옳은 것은?

(단위 : %)

| 기업 \ 연도 | 2018년 | 2019년 | 2020년 | 2021년 | 2022년 | 2023년 | 2024년 | 2025년 |
|---|---|---|---|---|---|---|---|---|
| A | 9.1 | 3.4 | 7.9 | 1.3 | 1.0 | 2.1 | 4.3 | 4.4 |
| B | 5.1 | 8.1 | 6.5 | 5.0 | 0.7 | 3.0 | 3.5 | 4.7 |
| C | 7.4 | 1.1 | 4.3 | 2.5 | 3.4 | 0.7 | 3.9 | 4.5 |
| D | 6.8 | 5.0 | 10.6 | 2.5 | 3.8 | 3.6 | 6.9 | 7.5 |
| E | 9.9 | 4.7 | 8.2 | 1.5 | 1.4 | 6.6 | 6.6 | 3.8 |
| F | 9.0 | 4.5 | 8.0 | 7.4 | 1.6 | 2.5 | 3.4 | 3.3 |
| G | 8.5 | 0.5 | 15.7 | 2.6 | 4.4 | 4.5 | 2.0 | 4.6 |

① 2020년 대비 2021년 성장률이 5%p 이상 감소한 기업은 모두 3개이다.
② 2022년과 2023년 성장률이 가장 높은 기업은 동일하다.
③ 2019년 각 기업의 성장률은 2018년에 비해 감소하였다.
④ 2018년과 2025년 성장률의 차이는 E보다 F가 더 크다.
⑤ 2023년 A, B, E 세 기업의 성장률은 각각 2022년의 2배 이상이다.

# SK하이닉스

## 온라인 필기시험

박문각

# SK하이닉스

온라인 필기시험
봉투모의고사
/
3회

# 제3회 모의고사

| 언어표현 | 30문항 / 3분 | |
|---|---|---|
| 언어이해 | 20문항 / 7분 | 100문항 / 35분 |
| 창의수리 | 30문항 / 15분 | |
| 자료해석 | 20문항 / 10분 | |

**언어표현** 30문항을 3분 동안 푸시오.

**01** 다음에 제시된 단어와 같거나 유사한 의미를 지닌 단어는?

> 요소

① 분자                ② 원인
③ 사물                ④ 성질
⑤ 성분

**02** 다음에 제시된 단어와 같거나 유사한 의미를 지닌 단어는?

> 점잖다

① 고상하다            ② 저속하다
③ 바지런하다          ④ 시끄럽다
⑤ 조용하다

**03** 다음에 제시된 단어와 같거나 유사한 의미를 지닌 단어는?

> 염려

① 생각                ② 걱정
③ 연민                ④ 숙려
⑤ 궁리

**04** 다음에 제시된 단어와 같거나 유사한 의미를 지닌 단어는?

| 미쁘다 |
|---|

① 미덥다        ② 미욱하다
③ 살갑다        ④ 버겁다
⑤ 깊다


**05** 다음에 제시된 단어와 반대의 의미를 지닌 단어는?

| 사치 |
|---|

① 화려        ② 빈곤
③ 청빈        ④ 가난
⑤ 검소


**06** 다음에 제시된 단어와 반대의 의미를 지닌 단어는?

| 막바지 |
|---|

① 초입        ② 입각
③ 끄트머리        ④ 막장
⑤ 단계


**07** 다음에 제시된 단어와 반대의 의미를 지닌 단어는?

| 기억 |
|---|

① 기술        ② 유추
③ 추억        ④ 망각
⑤ 착각

**08** 다음에 제시된 단어와 반대의 의미를 지닌 단어는?

| 상충 |
| --- |

① 상반　　　　　　　　　② 조화
③ 승패　　　　　　　　　④ 혼동
⑤ 균형

**09** 단어의 관계가 나머지 넷과 다른 하나는?
① 해금 : 금지　　　　　　② 취임 : 사임
③ 출발 : 도착　　　　　　④ 허구 : 사실
⑤ 이윤 : 이문

**10** 다음 중 유의어 관계가 아닌 것은?
① 가멸차다 : 풍부하다　　② 생뚱맞다 : 엉뚱하다
③ 전망 : 조망　　　　　　④ 기품 : 품위
⑤ 융성 : 쇠망

**11** 다음 중 단어와 그 의미가 바르게 연결되지 않은 것은?
① 하늬바람 – 동쪽에서 부는 바람
② 높새바람 – 동북풍을 이르는 말
③ 건들바람 – 초가을에 선들선들 부는 바람
④ 눈꽃 – 나뭇가지 따위에 꽃이 핀 것처럼 얹힌 눈
⑤ 서리꽃 – 유리창 따위에 서린 김이 얼어붙어 꽃처럼 엉긴 무늬

**12** 다음 중 단어와 그 의미가 바르게 연결되지 않은 것은?

① 하릴없다 – 더 할 수 없이 최고로 좋다.
② 돈바르다 – 성미가 너그럽지 못하고 까다롭다.
③ 살갑다 – 마음씨가 부드럽고 상냥하다.
④ 낫잡다 – 금액, 나이, 수량 등을 계산할 때 조금 넉넉하게 치다.
⑤ 습습하다 – 마음이나 하는 짓이 활발하고 너그럽다.


**13** 다음 밑줄 친 어구의 의미를 바르게 풀이한 것은?

> 그 사건의 물꼬를 텄다.

① 정리하다          ② 시작하다
③ 구분하다          ④ 생각하다
⑤ 끝내다


**14** 다음 밑줄 친 단어와 같은 의미로 사용된 것은?

> 사람이 여럿 붙어 밀어도 차는 움직이지 않았다.

① 그는 지망한 대학에 모두 붙었다.
② 내가 고른 옷에는 놀랄 만한 액수의 가격표가 붙어 있었다.
③ 너도 그 일에 붙어서 좀 해.
④ 대형 화재로 옆 건물에까지 불이 붙었다.
⑤ 이 열차에는 식당차가 붙어 있다.


**15** 다음 밑줄 친 단어와 같은 의미로 사용된 것은?

> 큰어머니는 매운 시집살이를 하셨다.

① 떡볶이가 너무 매워 더 이상 못 먹겠어.
② 12월에 들어서니 바람이 매운 것이 느껴진다.
③ 외국인인데 이 매운 김치를 잘도 먹는구나.
④ 지난달 입사한 신입사원은 하는 일마다 맵게 잘 처리한다.
⑤ 나를 보는 그의 눈초리가 너무 매웠다.

**16** 다음 중 개수가 가장 많은 것은?

① 바늘 한 쌈                          ② 오징어 한 축
③ 조기 한 두름                        ④ 달걀 한 판
⑤ 마늘 한 접

**17** 다음 빈칸에 공통으로 들어갈 수 있는 단어로 가장 적절한 것은?

> • 오늘 계산을 (        ) 맞춰 봐라.
> • 우리 계획대로 (        )이/가 맞게 일이 진행되고 있다.
> • 그의 이야기는 앞뒤 (        )이/가 잘 맞는다.

① 논리                                ② 순서
③ 어림                                ④ 이어짐
⑤ 아귀

**18** 다음 빈칸에 공통으로 들어갈 수 있는 단어로 가장 적절한 것은?

> • 제삿날 (        )을/를 치르고 난 후 앓아눕고 말았다.
> • 그는 사업에서 (        )을/를 뗀 지 오래다.
> • 입사하고 2년이 지나자 일이 슬슬 (        )에 익기 시작했다.

① 큰 일                               ② 손
③ 사건                                ④ 영향력
⑤ 업무

**19** 제시된 한 쌍의 단어와 관계가 같아지도록 빈칸에 들어갈 적절한 말을 고르면?

> 봄 : 경칩 = 가을 : (        )

① 입하                                ② 우수
③ 하지                                ④ 동지
⑤ 처서

**20** 제시된 한 쌍의 단어와 관계가 같아지도록 빈칸에 들어갈 적절한 말을 고르면?

| 누에고치 : 비단 = (          ) : 면 |
|---|

① 마                ② 석유
③ 목화솜        ④ 번데기
⑤ 실

**21** 주어진 단어들의 관계가 제시된 것과 다른 것은?

| 어머니 : 모친 |
|---|

① 생각 : 사고      ② 존경 : 경애
③ 샘 : 우물        ④ 과일 : 사과
⑤ 무덤 : 묘

**22** 다음 중 단어의 관계가 다른 하나는?
① 개미 : 곤충      ② 짜장면 : 탕수육
③ 장미 : 꽃        ④ 시 : 문학
⑤ 개 : 포유류

**23** 다음 단어들로부터 공통으로 연상되는 것을 고르면?

| 주먹도끼    고인돌    박물관 |
|---|

① 고려시대      ② 도자기
③ 구석기시대    ④ 유물
⑤ 역사

**24** 다음 단어들로부터 공통으로 연상되는 것을 고르면?

| 바늘    벽    숫자 |
|---|

① 시계            ② 전화기
③ 달력            ④ 계산기
⑤ 온도계

**25** 다음 단어들로부터 공통으로 연상되는 것을 고르면?

| 데시벨    악기    말 |
|---|

① 음악            ② 소음
③ 소리            ④ 단위
⑤ 사람

**26** 다음 단어들로부터 공통으로 연상되는 것을 고르면?

| 서울    로마    런던    도쿄 |
|---|

① 첨단도시         ② 수도
③ 궁궐             ④ 베드타운
⑤ 관광

**27** 다음 속담과 같은 의미를 지닌 사자성어는?

| 천 리 길도 한 걸음부터 |
|---|

① 등고자비(登高自卑)       ② 오비이락(烏飛梨落)
③ 동가홍상(同價紅裳)       ④ 고장난명(孤掌難鳴)
⑤ 난형난제(難兄難弟)

**28** 다음 속담이 공통적으로 나타내는 성격은?

---
• 마파람에 게 눈 감추듯
• 번갯불에 콩 볶아 먹겠다
---

① 신중함                ② 성급함
③ 성실함                ④ 무모함
⑤ 게으름

**29** 다음 중 맞춤법에 맞지 않은 문장은?
① 아이가 공부에 취미를 붙이기 시작했다.
② 논문을 짜집기하여 보고서를 작성했다.
③ 정치인은 국민의 심부름꾼이지.
④ 곰곰이 생각해 보니 내가 잘못했다.
⑤ 친구 집에 들렀다가 와라.

**30** 다음 중 맞춤법에 맞는 문장은?
① 큰일을 치뤘으니 몸살이 날 만하다.
② 왠일로 여기까지 왔어?
③ 날씨가 개여 산행을 떠날 수 있겠어.
④ 그는 긴 여행에 체력이 부쳤다.
⑤ 그의 소식에 마음이 설레인다.

**언어이해** | 20문항을 7분 동안 푸시오.

**01** 다음 글의 중심 내용으로 가장 적절한 것은?

> 실업자가 늘면 생계 문제를 해결하기 위해 절도를 하는 사례가 늘어날 뿐만 아니라, 다른 범죄 역시 실업률에 비례해 늘어나는 경향이 있다. 이는 실업자들이 절망적이고 여유가 없기 때문에 사소한 것에서 다투기 쉽고, 회사 등 조직으로부터 소외되어 준법정신도 약해지기 때문이다. 또한 경제적 어려움에 허덕이며 지푸라기라도 잡으려는 사람들에게 사기를 치는 경제 사범도 늘어나는 경우가 많다.

① 범죄 발생의 원인
② 경제위기와 범죄의 상관관계
③ 경제 사범의 증가 원인
④ 실업률과 절도 범죄의 연관성
⑤ 실업자 구제 방법

**02** 다음 글의 주제로 가장 알맞은 것은?

> 물레방아가 돌아가고 백조가 유유히 떠다니는 전원 풍경 그림이나 솜털이 보송보송 나 있는 새끼 고양이의 그림을 가리켜 '키치(Kitsch)'라 한다. 키치는 무가치한 예술, 예술적 쓰레기, 나쁜 예술, 저속한 작품 등과 동의어로, 급조된 값싼 예술 작품이라는 뜻이다. 이러한 키치의 등장은 19세기 말 서구 산업사회와 밀접한 관련이 있다. 이 시기 도시의 새로운 대중은 프롤레타리아나 소부르주아 계급이었는데, 그들의 문화적 욕구를 위해 탄생한 것이 키치이다. 즉, 키치는 문화적 엘리트들을 모방하고자 하는 도시 대중들의 저급한 미적 태도에서 출발한 것이다.

① 키치의 예술적 기반
② 키치의 양식적 특성
③ 키치의 본질
④ 키치의 개념과 등장 배경
⑤ 키치의 미술사적 의의

**03** 다음 글의 주제로 가장 적절한 것은?

> 염화칼슘은 나무의 성장을 방해하고 물을 오염시키는 특성이 있다. 그래서 일부에서는 염화칼슘의 사용을 최대한 줄여야 한다고 주장한다. 그러나 사람과 차량이 많은 도시에 눈이 쌓이면 염화칼슘을 사용하는 경우가 많다. 염화칼슘은 주위의 물을 흡수해 열을 발생시킨다. 그래서 눈이 쌓인 도로 위에 염화칼슘을 뿌리면 눈이나 얼음이 녹게 된다. 눈과 얼음이 염화칼슘이 녹게 되면 기온이 영하 55도까지 내려가더라도 다시 얼지 않는다. 이런 성질 때문에 염화칼슘은 대부분의 지역에서 유용하게 사용된다.

① 염화칼슘 사용의 장단점
② 염화칼슘 사용 시 주의사항
③ 염화칼슘 사용 지역
④ 염화칼슘 사용 억제의 필요성
⑤ 염화칼슘으로 인한 환경오염

**04** 다음 글의 주제로 가장 적절한 것은?

> 영화 제작자들은 현실을 거의 완벽하게 재현해 내기 위해 끊임없이 노력한다. 실제보다도 더 실제 같은 영상이야말로 영화인들이 오랫동안 추구해 온 것이다. 영화가 처음 선을 보였을 때부터 지금까지 관객들이 영화에 환호하는 이유도 바로 이 현실감 때문이다. 영화에 첨단 과학 기술을 활용하고 어마어마한 제작비를 쓰는 것도 바로 이 현실감을 얻기 위해서이다.

① 영화 산업의 명암
② 영화 산업의 발전 과정
③ 영화가 추구하는 특성
④ 영화 산업의 성장 가능성
⑤ 영화의 현실감을 살리는 방법

**05** 다음 글의 제목으로 가장 적절한 것은?

> 농축유란, 어원으로 보면 원료유보다 더 많은 고형분 함량을 함유하도록 농축시킨 유제품을 말한다. 농축유에는 무당연유와 가당연유라고 하는 두 가지 유형의 제품이 있다. 일반적으로 농축유는 신선한 원료유의 풍미를 보존하면서 수분만을 제거하여 유지방 7.5%, 총 고형분 함량 25.5%로 농축시킨 살균 제품이다. 멸균하지 않기 때문에 냉장 저장하여야 하며, 저장 기간은 10~15일밖에 되지 않는다.

① 농축유의 정의
② 농축유의 함량 성분
③ 농축유의 두 가지 유형
④ 농축유의 어원
⑤ 농축유와 원료유의 차이

**06** 다음 글의 내용과 일치하지 않는 것은?

> 채식을 하려는 사람들이 흔히 겪는 문제는 먹을 수 있는 음식을 구하기가 만만치 않다는 것이다. 특히 직장인들에게는 여간 번거로운 일이 아니다. 직장인들이 채식을 할 수 있는 가장 좋은 방법은 도시락을 싸는 것이다. 처음 채식을 시작하는 사람 중에는 갑자기 매 끼니를 곡물과 채소로 채우는 경우가 있는데, 이는 현명한 방법이 아니다. 채식을 결심했다면, 먼저 1주일에 한 끼 정도 채식을 해보고 이것이 익숙해지면 5일, 3일, 2일로 간격을 줄여나가는 것이 좋다. 하루 한 끼의 채식을 3개월 이상 지속할 수 있다면 처음 단계는 성공한 것으로 볼 수 있다. 일반적으로 3개월이면 체질의 변화가 어느 정도 이루어진 것으로 볼 수 있기 때문이다. 또한, 다양한 채식 요리를 직접 만들어보는 것도 도움이 된다.

① 직장인들이 채식을 할 수 있는 가장 좋은 방법은 도시락을 싸는 것이다.
② 다양한 채식 요리를 만들어 먹는 것은 채식 성공에 도움이 된다.
③ 채식을 처음 시작할 때는 매 끼니를 채소로 채워 3개월 이상을 지속해 보는 것이 좋다.
④ 채식을 하려는 사람들은 보통 채소로만 이루어진 음식을 구할 때 큰 어려움을 겪는다.
⑤ 체질의 변화는 3개월 정도면 이루어진다고 볼 수 있다.

**07** 다음 글에서 추론할 수 있는 것은?

> 조사에 의하면 펑크 록 팬들은 권위에 반항하는 개인 특성을 보이는 것으로 알려졌다. 헤비메탈을 좋아하는 남성 팬들은 남자다움에 대한 집착, 경멸하는 듯한 성향, 냉소적인 특성을 보였다. 여기에 여러 가지의 무모한 행동(마약 복용, 과속 운전 등)까지 하는 것으로 보고되었다. 여성 헤비메탈 팬들도 비슷한 성향을 보였고, 남성이건 여성이건 간에 그들은 강한 센세이션 추구 성향을 가지고 있었다. 이러한 특성들은 사실 그 음악이 가진 특성들과 크게 다를 바 없다. 기성세대에 대한 반항과 도전이 과격한 가사, 괴성을 지르는 듯한 창법, 두드려대는 리듬 등과 관련되어 있는 것이다.

① 음악을 선호하는 데는 사회에 대한 생각이 중요한 영향을 미친다.
② 음악 팬들은 자신이 좋아하는 뮤지션의 성향을 따라가는 경우가 많다.
③ 음악은 특정 세대를 구별해 주는 역할을 한다.
④ 음악은 대리 배설 역할을 하며 특정 사회 계층과 연관을 맺는다.
⑤ 음악의 선호도는 성별로 뚜렷하게 나누어진다.

**08** 다음 글을 읽고 알 수 없는 것은?

> 설날에 먹는 떡국은 순백의 떡과 국물로 지난해 안 좋았던 일을 모두 잊고 새롭게 시작한다는 의미를 담고 있다. 흰 가래떡을 길게 뽑는 이유는 장수와 집안의 번창을 의미하고, 가래떡을 둥글게 써는 이유는 옛날 화폐인 엽전의 모양과 같게 해 운세와 재복이 한 해 동안 계속되기를 기원하는 소망이 담겨 있다. 이처럼 떡국은 설을 쉴 때 반드시 먹는 것으로 여겼기 때문에 사람들은 떡국에 나이를 더 먹는 떡이라는 의미의 '첨세병(添歲餠)'이라는 별명을 붙이기도 했다.

① 설날에 떡국을 먹는 이유
② 떡국의 가래떡을 길게 뽑는 이유
③ 떡국의 가래떡을 길게 써는 이유
④ 떡국 고명의 의미
⑤ 떡국에 붙은 별명의 의미

**09** 다음 글의 내용과 일치하지 않는 것은?

> 폭염과 한파, 가뭄과 홍수, 극심한 기온변동 등 극단적인 이상기후 현상을 '기후 양극화'라 한다. 이는 화산 폭발이나 엘니뇨·라니냐 등 자연현상의 영향으로도 발생할 수 있으나, 본질적으로는 지구 온난화나 온실가스 방출 등 인간의 활동이 주원인으로 지목된다. 최근 전 세계적으로 기후 양극화가 현실화되고 있으며, 현재 추세로는 그 빈도나 정도가 더 커질 것이라는 분석이다. 기후 양극화가 심화되면 물 부족, 농작물 생산량 감소, 생태계 파괴, 인명·재산피해 등 인간 삶의 모든 측면에 영향을 미칠 수 있기 때문에 우려의 목소리가 높다.

① 기후 양극화의 가장 큰 원인은 온실가스 방출 등 인간의 활동이다.
② 기후 양극화는 전 세계적으로 발생하고 있으며, 앞으로 더 자주 발생할 것으로 예상된다.
③ 엘니뇨, 라니냐도 기후 양극화로 나타나는 현상이다.
④ 기후 양극화의 영향으로 생태계가 파괴되고 물 부족 현상이 발생할 수 있다.
⑤ 기후 양극화는 인간에게 여러 부정적인 영향을 미칠 것으로 전망돼 우려의 목소리가 높다.

**10** 다음 글의 내용상 밑줄 친 부분에 올 문장으로 가장 적절한 것은?

> _____ 첫째, 실학에는 민족주의적 성격이 담겨 있었다. 당시의 성리학은 중국 중심의 세계관으로서 우리의 문화가 중국 문화의 일부로밖에 인식되지 않았으나 실학자들은 우리 문화에 대한 독자적 인식을 강조하였다. 둘째, 실학에는 근대지향적인 성격이 내포되어 있었다. 셋째, 실학은 피지배층의 처지를 대변하고 옹호하고자 하였다. 성리학이 봉건적 지배층의 지도 원리였다면 실학은 피지배층의 편에서 제기된 개혁론이었다.

① 실학은 몇 가지의 역사적 의의를 지니고 있었다.
② 실학은 근대 조선의 역사에 많은 영향을 주었다.
③ 실학자들은 많은 핍박을 받을 수밖에 없었다.
④ 실학은 중국 중심의 세계관에서 탈피할 수 있는 근거를 마련해 주었다.
⑤ 실학이 등장하게 된 것은 조선 말의 정치상황과 관계가 깊다.

**11** 다음 글의 빈칸에 들어가기에 가장 적절한 말은?

> 광고, 표지판, 간판, 각종 매스미디어를 통한 정보들까지 자신에게 필요한지 혹은 필요 없는지 분간할 겨를도 없이 정보가 마구 쏟아지는 것이 오늘날 우리의 현실이다. 이러한 현상을 '정보 (     )의 시대'라 부를 수 있다.

① 공개                          ② 공급
③ 고도화                        ④ 제공
⑤ 과잉

**12**  다음 글의 빈칸에 들어가기에 가장 적절한 말은?

> 진정한 리얼리티는 사실의 객관적 재현만으로는 파악할 수 없다. 외면적인 흉내에 그치면 그것은 (          ) 진실밖에는 되지 못한다. 내면적 필연성이 뒷받침되지 못한 사실성은 생명 없는 사진에 불과하다.

① 피상적                                ② 객관적
③ 주관적                                ④ 사실적
⑤ 총체적


**13**  다음 문장들을 순서대로 가장 적절하게 배열한 것은?

> ㉠ 우선 수요 측면에서 보면, 소비자들은 종전보다 훨씬 빠르고 쉽게 자신이 원하는 상품을 고를 수 있다.
> ㉡ 이는 부품의 구매에서 생산, 출하, 판매까지 모든 단계가 자동화되고 네트워크를 통해 관리되기 때문에 가능한 것이다.
> ㉢ 전자상거래는 상품과 서비스의 수요자와 공급자 모두에게 영향을 주고 있다.
> ㉣ 공급 측면에서 보았을 때 가장 중요한 변화는 비용의 감소이다.

① ㉣ - ㉡ - ㉢ - ㉠          ② ㉣ - ㉡ - ㉠ - ㉢
③ ㉢ - ㉠ - ㉣ - ㉡          ④ ㉢ - ㉣ - ㉡ - ㉠
⑤ ㉢ - ㉡ - ㉣ - ㉠


**14**  다음 문장들을 순서대로 가장 적절하게 배열한 것은?

> ㉠ 하지만 이것이 모든 고정 관념이 제거되었다는 것을 의미하는 것은 아니다.
> ㉡ 대중매체가 발달하기 이전에는 한 개인의 생각에 영향을 미치는 요인은 부모와 같은 가정 내의 요인으로 한정되었으나, 현재는 대중매체로 인해 한 개인이 수많은 외부 영향에 노출되기 때문이다.
> ㉢ 최근 급변하는 시대 속에서 성역할의 구분이 없어지면서 더 이상 남녀 역할에 대한 고정 관념을 고수하지 않게 되었다.
> ㉣ 급변하는 시대 속에서 대중매체의 영향으로 오히려 고정 관념이 광범위하게 자리 잡게 된 것이다.

① ㉣ - ㉢ - ㉠ - ㉡          ② ㉢ - ㉡ - ㉠ - ㉣
③ ㉣ - ㉠ - ㉢ - ㉡          ④ ㉢ - ㉠ - ㉣ - ㉡
⑤ ㉣ - ㉢ - ㉡ - ㉠

**15** 다음 문장들을 순서대로 가장 적절하게 배열한 것은?

> ㉠ 약한 논증에 대해서는 다른 모든 집단의 학생이 훨씬 설득력이 떨어진다고 대답한 반면, 기분은 좋지만 시간은 빠듯한 상황에 있었던 학생은 약한 논증 역시 강한 논증 못지않게 설득력이 있다고 대답했다.
> ㉡ 그러나 생각할 시간이 적고 긍정적 기분이었던 학생들의 경우 둘 사이의 차이가 매우 적었다.
> ㉢ 나아가 이 집단의 경우 다른 집단의 학생에 비해 논증을 제시한 화자의 명성에 큰 비중을 두고 논증을 읽는다는 사실이 밝혀졌다.
> ㉣ 전반적으로 모든 학생이 약한 논증보다는 강한 논증에 더 많은 영향을 받는다.
> ㉤ 시간이 넉넉했을 경우, 기분이 좋았던 학생도 그렇지 않은 상태의 학생과 마찬가지로, 약한 논증을 설득력 없는 것으로 받아들였다는 점은 기분보다는 시간이 중요한 변수라는 사실을 보여 준다.

① ㉠ - ㉡ - ㉣ - ㉤ - ㉢　　　② ㉠ - ㉣ - ㉡ - ㉤ - ㉢
③ ㉣ - ㉡ - ㉠ - ㉢ - ㉤　　　④ ㉣ - ㉢ - ㉡ - ㉠ - ㉤
⑤ ㉣ - ㉠ - ㉤ - ㉢ - ㉡

**16** 다음 문장들을 순서대로 가장 적절하게 배열한 것은?

> ㉠ 적절한 장소를 찾은 후에 땅에 몸을 묻고 깊은 잠에 빠진다.
> ㉡ 겨울이 되어 날이 추워지면 거북이는 연못 근처에 진흙을 찾는다.
> ㉢ 봄이 되어 연못의 얼음이 녹고 진흙이 부드러워지면 잠에서 깬다.
> ㉣ 겨울잠을 자는 동안 거북이의 대사 활동은 낮게 유지된다.

① ㉡ - ㉣ - ㉠ - ㉢　　　② ㉡ - ㉠ - ㉣ - ㉢
③ ㉣ - ㉠ - ㉢ - ㉡　　　④ ㉣ - ㉢ - ㉠ - ㉡
⑤ ㉣ - ㉠ - ㉡ - ㉢

**17** 다음 글을 읽고 빈칸에 알맞은 접속어를 고르면?

> 과거 우리나라의 전통적인 가족 형태를 살펴보면, 대부분 결혼 후 부부관계가 남편 중심으로 이루어지며 혈통과 유산도 남편 쪽으로 계승되는 부계가족의 형태를 띄었다. (　　　) 동시에 여러 세대의 가족이 함께 사는 확대 가족의 형태를 보였다.

① 그리고　　　　　　　② 그러나
③ 예를 들어　　　　　　④ 그러므로
⑤ 그럼에도 불구하고

**18**  다음 글을 읽고 빈칸에 알맞은 접속어를 고르면?

> 아침에 일어나 마시는 커피부터 출근하여 켜는 컴퓨터, 잠들기 직전의 순간까지 한순간도 상품과 떨어질
> 수 없는 광고는 현대인의 생활을 지배하는 중요한 수단이다. 우리에게 유용한 상품의 정보를 제공하고
> 요즘 들어 등장한 위트와 재치로 무장한 광고들은 오락적 효과마저 준다. (      ) 광고는 사람들이 미처
> 깨닫지 못한 구매욕을 환기시킨다. 평소에 필요하다고 느끼지 않았던 상품들이 광고를 통해서 반복적으
> 로 제시되면 사람들은 결국 광고에 넘어가게 된다.

① 그래서                    ② 하물며
③ 그러므로                  ④ 그러나
⑤ 또한

**19**  다음은 어떤 주장을 뒷받침하는 대표적인 예이다. 그 주장으로 가장 적절한 것은?

> X-선 사진을 통해 폐질환 진단법을 배우고 있는 의과대학 학생을 생각해 보자. 그는 암실에서 환자의
> 가슴을 찍은 X-선 사진을 보면서, 이 사진의 특징을 설명하는 방사선 전문의의 강의를 듣고 있다. 그
> 학생은 가슴을 찍은 X-선 사진에서 늑골뿐만 아니라 그 밑에 있는 폐, 늑골의 음영, 그리고 그것들 사이
> 에 있는 아주 작은 반점들을 볼 수 있다. 하지만 처음부터 그럴 수 있었던 것은 아니다. 첫 강의에서는
> X-선 사진에 대한 전문의의 설명을 전혀 이해하지 못했다. 그가 가리키는 부분이 무엇인지, 희미한 반점
> 이 과연 특정 질환의 흔적인지 전혀 알 수가 없었다. 전문의가 상상력을 동원해 어떤 가상적 이야기를
> 꾸며 내는 것처럼 느껴졌을 뿐이다. 그러나 몇 주 동안 이론을 배우고 실습을 하면서 지금은 생각이 달라
> 졌다. 그는 문제의 X-선 사진에서 이제는 늑골뿐 아니라 폐도 볼 수 있게 되었다. 그가 탐구심을 갖고
> 좀 더 노력한다면 폐와 관련된 생리적인 변화, 흉터나 만성 질환의 병리학적 변화, 급성질환의 증세와
> 같은 다양한 현상들까지도 자세하게 경험하고 알 수 있게 될 것이다. 그는 전문가로서 새로운 세계에
> 들어선 것이고, 그 사진의 명확한 의미를 지금은 대부분 해석할 수 있게 되었다. 이론과 실습을 통해 새로
> 운 세계를 볼 수 있게 된 것이다.

① 관찰은 배경지식에 의존한다.
② 과학에서의 관찰은 오류가 있을 수 있다.
③ 과학 장비의 도움으로 관찰 가능한 영역은 확대된다.
④ 관찰정보는 기본적으로 시각에 맺혀지는 상에 의해 결정된다.
⑤ X-선 사진의 판독은 과학데이터 해석의 일반적인 원리에 따른다.

**20** 다음 글의 결론으로 가장 적절한 것은?

> 바람직한 삶의 설계는 가능성의 계발을 통하여 자아의 실현이 가능하도록 개인 각각의 소질에 적합한 교육의 기회를 마련해 주는 일이다. 현재, 우리나라에는 탁월한 소질을 타고났으며 그것을 계발하고자 하는 향학의 의지가 강하더라도, 가난한 까닭에 뜻을 이루지 못하는 사람들이 적지 않다. 또 한편으로는, 별로 재능이 없음에도 불구하고 오로지 돈의 힘으로 대학 또는 대학원에 진학하여 졸업장과 학위를 취득하는 사례도 허다하다. 이러한 교육의 현황은 매우 불합리하다. 교육의 기회가 돈에 의해서 좌우되지 않고 사람의 능력에 따라 주어지는 교육 제도 및 장학 제도를 확립하는 일은 미래 한국이 실현해야 할 중요한 과제 중 하나다.

① 자아실현은 교육을 통해서만 가능하다.
② 학생들의 기본권을 보장해 주어야 한다.
③ 교육의 불평등은 우리 사회의 큰 문제이다.
④ 교육의 수준은 개인의 재력에 따라 달라진다.
⑤ 교육의 기회를 균등하게 제공해야 한다.

**창의수리** | 30문항을 15분 동안 푸시오.

**01** 다음 식을 계산한 값을 고르면?

$$14.5 - 10.9 + 8.4$$

① 11             ② 11.8
③ 11.4           ④ 11.7
⑤ 12

**02** 다음 식을 계산한 값을 고르면?

$$(15 + 8) \times 3 + 17$$

① 84            ② 86
③ 87            ④ 88
⑤ 90

**03** 다음 식을 계산한 값을 고르면?

$$145 - (45 \div 15) + 44$$

① 186           ② 184
③ 183           ④ 181
⑤ 180

**04** 다음 식을 계산한 값을 고르면?

$$135 - (2 \times 14) \times 3$$

① 51            ② 55
③ 61            ④ 69
⑤ 71

**05**  다음 식을 계산한 값을 고르면?

$$(25 + 37) \times 3 - 77$$

① 94                              ② 99
③ 101                             ④ 104
⑤ 109

**06**  다음 식의 빈칸에 들어갈 값을 고르면?

$$5 \times (\qquad) + 32 = 67$$

① 4                               ② 5
③ 6                               ④ 7
⑤ 8

**07**  다음 식의 빈칸에 들어갈 값을 고르면?

$$(\qquad) \div 5 \times 6 = 138$$

① 125                             ② 115
③ 110                             ④ 105
⑤ 95

**08**  다음 식의 빈칸에 들어갈 값을 고르면?

$$14 + (\qquad) \times 4 - 15 = 87$$

① 26                              ② 25
③ 24                              ④ 22
⑤ 21

**09** 다음 식을 계산했을 때 가장 큰 수가 나오는 것은?

① $45 + 9 - 34$　　　　　　② $17 + 11 - 9$

③ $28 + 2 - 19$　　　　　　④ $35 + 48 - 65$

⑤ $22 + 14 - 15$

**10** 다음 식을 계산했을 때 가장 작은 수가 나오는 것은?

① $6 + 24 + 1$　　　　　　② $14 + 13 + 11$

③ $12 + 19 - 1$　　　　　　④ $52 - 17 - 8$

⑤ $22 - 17 + 26$

**11** 다음 A와 B의 대소를 비교하면?

$$A = 43 + 123 - 104$$
$$B = 105 + 19 + 42 - 104$$

① $A > B$　　　　　　② $A < B$

③ $A = B$　　　　　　④ $A \geq B$

⑤ $A \leq B$

**12** 다음 A와 B의 대소를 비교하면?

$$A = 12 \times 0.5 + 15$$
$$B = 11.6 + 15.7 - 8$$

① $A > B$　　　　　　② $A < B$

③ $A = B$　　　　　　④ $A \geq B$

⑤ $A \leq B$

**13** 다음 식의 □와 △에 알맞은 수를 바르게 나열한 것은?

| |
|---|
| $□5 - 16 = 79$ |
| $234 ÷ △ = 39$ |

① 9, 6         ② 6, 9
③ 3, 6         ④ 3, 9
⑤ 8, 6

**14** 빈칸에 들어갈 연산기호를 순서에 맞게 고르면?

| |
|---|
| $8 × 4(\quad)10(\quad)3 = 62$ |

① +, −         ② −, +
③ +, +         ④ +, ×
⑤ −, ×

**15** $\dfrac{3}{25}$를 할푼리로 바르게 변환한 것은?

① 2할 1푼         ② 2할 1리
③ 2할         ④ 1할 2푼
⑤ 1할 2리

**16** 다음 단위를 적절하게 변환하여 빈칸에 알맞은 값을 고르면?

| |
|---|
| $250m = (\quad)cm$ |

① 25,000         ② 250,000
③ 2,500,000         ④ 25,000,000
⑤ 2,500

**17** 다음 단위를 적절하게 변환하여 빈칸에 알맞은 값을 고르면?

$$2시간\ 35분 = (\qquad)초$$

① 9,000                     ② 9,100
③ 9,200                     ④ 9,300
⑤ 9,400


**18** 다음 단위를 적절하게 변환하여 빈칸에 알맞은 값을 고르면?

$$965m^2 = (\qquad)km^2$$

① 0.0000965                 ② 0.000965
③ 0.00965                   ④ 0.0965
⑤ 0.965


**19** 다음 숫자들의 배열 규칙을 찾아 빈칸에 들어갈 알맞은 숫자를 고르면?

| | | | | | | | | | | | |
|---|---|---|---|---|---|---|---|---|---|---|---|
| 6 | 0 | 7 | 5 | 8 | 10 | 9 | 15 | 10 | 20 | ( | ) |

① 30                        ② 25
③ 14                        ④ 12
⑤ 11


**20** 다음 숫자들의 배열 규칙을 찾아 빈칸에 들어갈 알맞은 숫자를 고르면?

| | | | | | | | | | |
|---|---|---|---|---|---|---|---|---|---|
| 1 | 0 | 10 | 9 | 19 | 18 | 28 | 27 | ( | ) |

① 33                        ② 35
③ 37                        ④ 39
⑤ 41

www.pmg.co.kr

**21** 다음 숫자들의 배열 규칙을 찾아 빈칸에 들어갈 알맞은 숫자를 고르면?

| | | | | | | | | |
|---|---|---|---|---|---|---|---|---|
| 12 | 24 | 14 | 28 | 18 | 36 | 26 | ( ) | |

① 57          ② 52
③ 36          ④ 16
⑤ 13

**22** 다음 숫자들의 배열 규칙을 찾아 빈칸에 들어갈 알맞은 숫자를 고르면?

| | | | | | | | | |
|---|---|---|---|---|---|---|---|---|
| 15 | 20 | 30 | 35 | 45 | 50 | 60 | ( ) | |

① 55          ② 60
③ 65          ④ 70
⑤ 65

**23** 다음 숫자들의 배열 규칙을 찾아 ?에 들어갈 알맞은 숫자를 고르면?

| 4 | 6 | 10 |
|---|---|---|
| ? | | 16 |
| 46 | 34 | 24 |

① 48          ② 52
③ 54          ④ 56
⑤ 60

**24** 다음 숫자들의 배열 규칙을 찾아 ?에 들어갈 알맞은 숫자를 고르면?

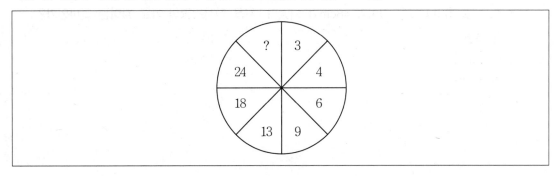

① 27　　　　　　　　　　　　② 28
③ 29　　　　　　　　　　　　④ 30
⑤ 31

**25** 정가가 2,000원인 제품을 10% 할인하며 총 35개를 판매했다면, 총 판매액은 얼마인가?

① 56,000원　　　　　　　　② 58,000원
③ 60,000원　　　　　　　　④ 62,000원
⑤ 63,000원

**26** 어느 회사의 올해 사원 수는 전년도에 비해 남자 사원은 55명이 늘고, 여자 사원은 24명이 줄어서 전체 사원 수가 520명이 되었다고 한다. 전년도 사원 수는 몇 명이었는가?

① 483명　　　　　　　　　② 489명
③ 492명　　　　　　　　　④ 499명
⑤ 201명

**27** 120원짜리 엽서와 200원짜리 엽서를 합해서 22장 사고 4,000원을 냈는데 400원의 잔돈을 받았다. 이때 120원짜리 엽서는 몇 장을 샀는가?

① 10장　　　　　　　　　　② 11장
③ 12장　　　　　　　　　　④ 13장
⑤ 14장

**28** 둘레의 길이가 40cm인 직사각형이 있다. 이 직사각형 가로의 길이를 2배로 늘리고, 세로의 길이를 5cm 줄였더니 둘레 길이가 48cm가 되었다. 처음 직사각형의 가로 길이는 얼마인가?

① 9cm             ② 10cm
③ 11cm            ④ 12cm
⑤ 13cm

**29** 정원이는 A가게에서 사탕 37개, B가게에서 사탕 48개를 사서 자신을 포함한 친구 4명과 똑같이 나누었다. 한 명당 사탕 몇 개씩을 나누어 가졌겠는가?

① 15개             ② 16개
③ 17개             ④ 18개
⑤ 19개

**30** 1시간에 책을 180페이지 읽는 사람이 있다. 이 사람이 책을 40분씩 읽고 난 후 5분 휴식을 취하며 3시간 동안 책을 읽으면 모두 몇 페이지를 읽게 되는가?

① 300페이지        ② 360페이지
③ 400페이지        ④ 450페이지
⑤ 480페이지

**자료해석** | 20문항을 10분 동안 푸시오.

**01** 수원이는 용산에서 휴대폰을 구매하려고 한다. 사고 싶은 모델을 결정하고 매장 3곳에 대하여 정상 가격과 적용 가능한 할인 혜택들을 다음과 같이 조사하였다. 이때 수원이가 휴대폰을 가장 저렴하게 살 수 있는 매장을 순서대로 바르게 나열한 것은?

| 구분 | A매장 | B매장 | C매장 |
|---|---|---|---|
| 매장별 가격 | 420,000원 | 430,000원 | 435,000원 |
| 카드 가입 | 20,000원 할인 | 해당 없음 | 3% 할인 |
| 할인쿠폰 | 5% 할인 | 4% 할인 | 15,000원 할인 |
| 포인트 사용 | 없음 | 6,000원 | 5,000원 |
| 중복 할인 | 불가능 | 가능 | 가능 |
| 케이스 | 5,000원 | 무료 | 무료 |

※ 중복 할인이 불가능한 매장은 카드 가입, 할인쿠폰, 포인트 중 한 가지만 받을 수 있다.
※ 모든 할인은 매장별 가격을 기준으로 적용된다.
※ 케이스는 반드시 구매한다.

① A-B-C
② A-C-B
③ B-C-A
④ C-A-B
⑤ C-B-A

**02** S기업 내부에 있는 구내식당에서 회원권을 판매하고 있다. A는 출근하는 날마다 점심을 사서 먹고 있다. 한 달 동안 총 25일 출근할 때, 비용적인 측면에서 구내식당 회원권을 구매하는 것과 구매하지 않은 것 중 어느 것이 유리하고, 외부에서 사서 먹을 때와 구내식당을 이용할 경우 금액 차이는 얼마인지 옳게 짝지어진 것은?

| 회원권 구매 여부 | 금액 |
|---|---|
| 구매함 | 회원권은 10,000원에 구매할 수 있으며, 소지한 사람은 식사비 5,000원에서 10% 할인된 금액에 사서 먹을 수 있다. |
| 구매하지 않음 | 외부 식당에서 5,000원에 먹을 수 있다. |

① 구매함, 2,000원
② 구매하지 않음, 2,000원
③ 구매함, 2,500원
④ 구매하지 않음, 2,500원
⑤ 구매함, 3,000원

**03**  다음은 서울 교육부에서 조사한 서울특별시 고등학교 교원 수에 대한 자료이다. 이에 대한 설명으로 옳지 않은 것은?

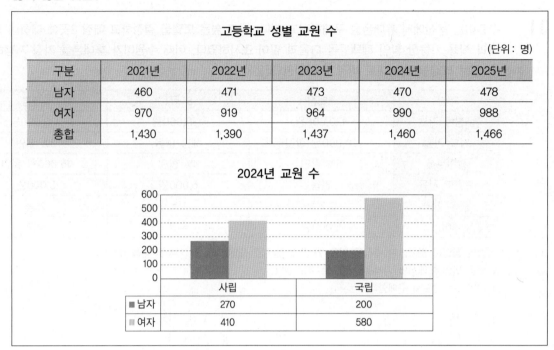

### 고등학교 성별 교원 수

(단위 : 명)

| 구분 | 2021년 | 2022년 | 2023년 | 2024년 | 2025년 |
|------|--------|--------|--------|--------|--------|
| 남자 | 460 | 471 | 473 | 470 | 478 |
| 여자 | 970 | 919 | 964 | 990 | 988 |
| 총합 | 1,430 | 1,390 | 1,437 | 1,460 | 1,466 |

### 2024년 교원 수

| | 사립 | 국립 |
|------|------|------|
| ■ 남자 | 270 | 200 |
| ■ 여자 | 410 | 580 |

① 전년 대비 여자 교원 수의 변화량이 가장 큰 해는 2022년이다.
② 남녀 교원의 증감 추이가 같은 해는 2023년이다.
③ 전체적으로 2021년부터 교직원 수는 증가추세이다.
④ 2024년 사립과 국립을 비교했을 때 여자 교원은 국립이 많은 편이다.
⑤ 전체적으로 여자 교원 수가 많은 편이다.

**04** 다음은 시도별 의료 급여 적용 인구에 대한 자료이다. 자료를 보고 (가), (나)에 해당하는 수치를 구하면?

(단위 : 명)

| 구분 | 2022년 | 2023년 | 2024년 | 2025년 |
|---|---|---|---|---|
| 서울 | 277,022 | 305,335 | 316,806 | 318,754 |
| 경기 | 167,585 | 168,235 | 168,885 | (가) |
| 부산 | 387,568 | 386,957 | (나) | |
| 전북 | 16,483 | 15,242 | | 19,792 |
| 강원 | 35,455 | 35,485 | 35,689 | 37,854 |
| 전체 | 884,113 | 911,254 | 732,556 | 933,394 |

※ 경기도의 의료 급여 적용 인구는 매년 일정하게 증가하고 있다.
※ 부산의 2024년 의료 급여 적용 인구는 각 시도별 적용 인구 전체에서 50%를 차지한다.

|  | (가) | (나) |
|---|---|---|
| ① | 149,857 | 357,243 |
| ② | 155,684 | 364,958 |
| ③ | 159,784 | 357,243 |
| ④ | 165,751 | 366,278 |
| ⑤ | 169,535 | 366,278 |

**05** 다음은 군별 병력 현황을 나타낸 자료이다. 이에 대한 설명으로 옳지 않은 것은?

(단위 : 만 명)

| 구분 | 2018년 | 2019년 | 2020년 | 2021년 | 2022년 | 2023년 | 2024년 | 2025년 |
|---|---|---|---|---|---|---|---|---|
| 육군 | 52.7 | 50.9 | 51.1 | 51.8 | 51.4 | 50.9 | 51.2 | 51.9 |
| 해군 | 6.8 | 6.2 | 6.5 | 6.3 | 5.9 | 6.1 | 6.0 | 5.7 |
| 공군 | 1.9 | 2.4 | 2.8 | 2.3 | 2.4 | 2.2 | 2.1 | 2.0 |
| 해병 | 1.5 | 2.3 | 3.5 | 3.6 | 4.4 | 2.9 | 2.6 | 2.6 |
| 합계 | 62.9 | 61.8 | 63.9 | 64.0 | 64.1 | 62.1 | 61.9 | 62.2 |

① 2018~2022년 해병의 병력은 계속해서 증가하고 있다.
② 육군의 비중이 가장 높은 해는 2020년이다.
③ 전체 병력 수가 가장 많았던 해에 해병의 병력 수도 가장 많았다.
④ 2020~2025년 공군의 병력은 해병보다 적다.
⑤ 해군 병력이 해병 병력의 2배 이하인 해는 총 3개이다.

**06** 다음은 어느 도시 시민들의 경제활동참가율을 나타낸 자료이다. 이에 대한 설명으로 옳지 않은 것은?

(단위 : %)

| 경제활동<br>참가율 | 2019년 | 2020년 | 2021년 | 2022년 | 2023년 | 2024년 | 2025년 |
|---|---|---|---|---|---|---|---|
| 전체 | 59.2 | 60.2 | 61.2 | 61.3 | 62.9 | 63.1 | 63.8 |
| 남성 | 68.2 | 70.1 | 70.5 | 70.8 | 70.4 | 70.9 | 71.9 |
| 여성 | 49.1 | 49.6 | 49.9 | 50.2 | 50.5 | 50.9 | 50.2 |
| 청소년 | 10.4 | 10.6 | 9.9 | 9.6 | 10.4 | 10.9 | 11.1 |

① 2019년에 비해 2025년 여성의 경제활동참가율은 소폭 상승하기는 했지만, 여전히 남성의 경제활동 참가율에 비하면 한참 낮은 수준이다.

② 전체 경제활동참가율이 상승할 때, 남녀 경제활동참가율 모두 상승한다.

③ 남성의 경제활동참가율이 가장 높았을 때와 낮았을 때의 차이는 3.7%p이다.

④ 7년간의 청소년 경제활동참가율은 평균 약 10.4%이다.

⑤ 남녀 경제활동참가율이 가장 높았던 시기는 일치하지 않는다.

**07** 다음은 패스트푸드점의 메뉴판이다. 오늘의 세트 메뉴와 맥윙 2조각을 먹으려고 할 때, 세트로 시키는 것이 단품으로 시키는 것보다 얼마나 더 저렴한가?

〈메뉴〉

| 버거 | |
|---|---|
| 1955 스모키 | 5,000원 |
| 빅맥 | 4,500원 |
| 맥스파이시 | 4,600원 |
| 토마토치즈버거 | 4,700원 |

| 스낵 사이드 | |
|---|---|
| 맥윙 2조각 | 2,800원 |
| 맥윙 4조각 | 5,600원 |
| 맥너겟 6조각 | 5,400원 |
| 감자튀김 | 1,500원 |

| 음료 | |
|---|---|
| 코카콜라제로 | 1,500원 |
| 코카콜라 | 1,300원 |
| 환타 | 1,500원 |
| 오렌지주스 | 1,300원 |

| 오늘의 세트 | |
|---|---|
| 맥스파이시 세트 | 6,000원 |
| (맥스파이시 버거 + 코카콜라 + 감자튀김) | |

① 1,300원      ② 1,400원

③ 1,500원      ④ 1,600원

⑤ 1,700원

**08** 다음은 출신 지역별 취업 현황을 나타낸 자료이다. 2015년과 2025년에서 직업별 증감 추이를 볼 때, 다른 증감 추이를 보이는 것은?

**2015년 출신 지역별 취업 현황**

(단위 : 명)

| 구분 | 서울/경기 | 강원도 | 충청도 | 전라도 | 경상도 | 합계 |
|------|-----------|--------|--------|--------|--------|------|
| 대기업 | 8 | 8 | 15 | 13 | 17 | 61 |
| 공기업 | 11 | 5 | 2 | 7 | 6 | 31 |
| 공무원 | 18 | 15 | 14 | 11 | 15 | 73 |
| 연구원 | 13 | 10 | 7 | 8 | 7 | 45 |
| 기타 | 9 | 6 | 3 | 4 | 6 | 28 |
| 합계 | 59 | 44 | 41 | 43 | 51 | 238 |

**2025년 출신 지역별 취업 현황**

(단위 : 명)

| 구분 | 서울/경기 | 강원도 | 충청도 | 전라도 | 경상도 | 합계 |
|------|-----------|--------|--------|--------|--------|------|
| 대기업 | 10 | 8 | 9 | 12 | 13 | 52 |
| 공기업 | 13 | 12 | 10 | 9 | 9 | 53 |
| 공무원 | 7 | 7 | 5 | 6 | 16 | 41 |
| 연구원 | 8 | 9 | 7 | 10 | 9 | 43 |
| 기타 | 15 | 11 | 14 | 16 | 13 | 69 |
| 합계 | 53 | 47 | 45 | 53 | 60 | 258 |

① 대기업 - 연구원
② 공기업 - 기타
③ 공무원 - 연구원
④ 공기업 - 공무원
⑤ 대기업 - 공무원

**09** 다음은 연도별 연금 지급액을 나타낸 자료이다. 이에 대한 설명으로 옳지 않은 것은?

(단위 : 만 원)

| 연도 | 국민연금 | 군인연금 | 공무원연금 |
|---|---|---|---|
| 2000년 | 52,102 | 182,582 | 284,292 |
| 2005년 | 82,583 | 200,383 | 312,585 |
| 2015년 | 100,248 | 224,592 | 372,591 |
| 2017년 | 112,582 | 353,683 | 379,672 |
| 2019년 | 359,301 | 359,592 | 412,593 |
| 2022년 | 578,582 | 689,582 | 435,585 |
| 2024년 | 892,573 | 928,485 | 519,492 |
| 2025년 | 1,592,583 | 2,028,482 | 828,294 |

① 군인연금이 국민연금보다 지급액이 항상 많다.
② 모든 연금의 지급액은 매년 증가하고 있다.
③ 2024년 대비 2025년 지급액이 가장 크게 증가한 연금은 군인연금이다.
④ 2022년 이후 국민연금의 지급액이 공무원연금의 지급액보다 많아졌다.
⑤ 2025년을 기준으로 공무원연금보다 군인연금의 지급액이 더 많으므로 공무원보다 군인이 더 많음을 알 수 있다.

**10** 다음은 부모의 경제활동 상태에 따른 월평균 사교육비를 나타낸 자료이다. 이에 대한 설명으로 옳은 것은?

(단위 : 만 원)

| 구분 | 평균 | 외벌이 가정 | | 맞벌이 가정 | 경제활동 없음 |
|---|---|---|---|---|---|
| | | 아버지 | 어머니 | | |
| 예체능 사교육 | 18.3 | 25.0 | 14.3 | 26.1 | 7.6 |
| 일반 교과 사교육 | 14.0 | 19.2 | 10.7 | 20.6 | 5.5 |
| 취미, 교양 사교육 | 4.1 | 5.8 | 3.4 | 5.3 | 2.0 |
| 취업 관련 사교육 | 0.1 | 0.1 | 0.2 | 0.1 | 0.1 |

① 모든 종류의 사교육에서 맞벌이 가정이 아버지 외벌이 가정보다 지출이 많다.
② 취업 관련 사교육의 지출액은 어머니 외벌이 가정이 가장 많다.
③ 취미, 교양 사교육에 가장 많은 지출을 하는 가정은 맞벌이 가정이다.
④ 소득수준이 높을수록 사교육비 지출이 많다.
⑤ 부모의 경제활동이 없는 가정의 예체능 사교육의 지출액은 맞벌이나 외벌이 가정보다 크다.

**11** 다음은 지식재산권의 심판 청구 및 처리 현황을 나타낸 자료이다. 이때 2022년 대비 2025년 상표에 대한 심판 청구 건수의 증감률은? (단, 소수점 둘째 자리에서 반올림하여 계산한다.)

(단위 : 건)

| 구분 | | 2022년 | 2023년 | 2024년 | 2025년 |
|---|---|---|---|---|---|
| 심판 청구 건수 | 계 | 24,285 | 19,220 | 16,079 | 18,524 |
| | 특허 | 14,245 | 11,562 | 10,123 | 10,882 |
| | 실용신안 | 1,003 | 991 | 235 | 489 |
| | 디자인 | 903 | 634 | 698 | 502 |
| | 상표 | 8,134 | 6,033 | 5,023 | 6,651 |
| 심판 처리 건수 | 계 | 23,881 | 17,228 | 15,362 | 17,933 |
| | 특허 | 13,887 | 9,882 | 9,452 | 9,981 |
| | 실용신안 | 866 | 751 | 660 | 508 |
| | 디자인 | 801 | 703 | 689 | 633 |
| | 상표 | 8,327 | 5,892 | 4,561 | 6,811 |

① −15.2%
② −18.2%
③ −20.1%
④ −22.5%
⑤ −27.8%

**12** 다음은 연령별 저축률에 대한 자료이다. 이에 대한 설명으로 옳은 것은?

| 구분 | 2022년 | | 2023년 | | 2024년 | | 2025년 | |
|---|---|---|---|---|---|---|---|---|
| | 저축 중인 인원(명) | 저축률 (%) | 저축 중인 인원(명) | 저축률 (%) | 저축 중인 인원(명) | 저축률 (%) | 저축 중인 인원(명) | 저축률 (%) |
| 30대 이하 | 63 | 72.8 | 68 | 68.2 | 117 | 81.1 | 99 | 69.9 |
| 40대 | 271 | 60.5 | 277 | 61.4 | 184 | 70.3 | 210 | 65.4 |
| 50대 | 440 | 59.2 | 538 | 54.9 | 383 | 58.6 | 383 | 54.4 |
| 60대 | 469 | 47.6 | 538 | 53.5 | 536 | 41.0 | 542 | 39.9 |
| 70대 이상 | 582 | 27.7 | 562 | 37.0 | 768 | 24.7 | 754 | 21.9 |

① 70대 이상의 저축률은 꾸준히 감소하고 있다.
② 30대 이하와 40대의 연령별 저축률은 동일한 증감 추이를 보이고 있다.
③ 30대 이하와 50대의 연령별 저축률은 반대의 증감 추이를 보이고 있다.
④ 2022년에서 2025년 사이에 저축하고 있다고 응답한 인원수가 가장 큰 폭으로 변화한 연령층은 70대 이상이다.
⑤ 2024년 70대 이상에서 저축 중인 인원은 전년 대비 216명 증가하였다.

**13** S기업 신입사원 5명은 해외여행을 가기 위해 ○○여행사를 이용하려고 한다. 다음은 ○○여행사 홈페이지에 나와 있는 여행객들이 직접 평가한 나라별 패키지여행 평가점수에 대한 자료이다. 이에 대한 설명으로 옳은 것은? (단, 선호도는 각 항목들의 가중치이다.)

| 구분 | 선호도 | 태국 | 홍콩 | 필리핀 | 일본 |
|---|---|---|---|---|---|
| 가격 | 5 | 7 | 8 | 9 | 8 |
| 코스 | 4 | 7 | 7 | 8 | 6 |
| 음식 | 3 | 5 | 6 | 4 | 9 |
| 교통 | 4 | 6 | 8 | 7 | 7 |
| 숙박 | 3 | 8 | 5 | 6 | 8 |

① 코스와 숙박을 중요하게 생각할 경우 일본을 선택한다.
② 코스와 교통을 중요하게 생각할 경우 태국을 선택한다.
③ 음식과 숙박을 중요하게 생각할 경우 필리핀을 선택한다.
④ 교통과 숙박을 중요하게 생각할 경우 일본을 선택한다.
⑤ 음식과 교통을 중요하게 생각할 경우 홍콩을 선택한다.

**14** 다음은 한국과 북한의 농업, 어업, 축산업, 기타의 직업에 종사하고 있는 사람들을 조사한 그래프이다. 이에 대한 설명으로 옳은 것은?

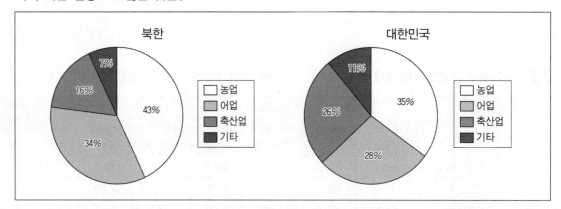

① 조사대상자가 500명으로 같다면 한국과 북한에 축산업에 종사하고 있는 사람의 차는 50명이다.
② 한국의 농업 종사자 수보다 북한의 농업 종사자 수가 더 많다.
③ 북한의 어업과 축산업 종사자 비율의 차는 한국의 농업과 축산업 종사자 비율의 차의 3배이다.
④ 한국의 어업과 축산업 종사자의 비는 14:11이다.
⑤ 북한의 축산업과 농업 종사자 비율의 합은 한국의 농업과 어업 종사자 비율의 합보다 크다.

**15** 다음은 한국의 산업별 기술 선호도 지수를 100으로 보았을 때, 우리나라 국민의 일본과 중국의 산업별 기술 선호도 지수를 조사하여 나타낸 자료이다. 이에 대한 설명으로 옳지 않은 것은?

| 구분 | | 종합 | 제품 | 소재 | 부품 | 품질 | 연구 | 공정 |
|---|---|---|---|---|---|---|---|---|
| 일본 | 화학 | 122 | 126 | 123 | 121 | 112 | 120 | 122 |
| | 에너지 | 125 | 128 | 124 | 121 | 120 | 126 | 127 |
| | 철강 | 115 | 119 | 112 | 117 | 118 | 113 | 110 |
| | 정보통신 | 106 | 109 | 108 | 110 | 104 | 101 | 102 |
| | 자동차 | 132 | 136 | 135 | 132 | 129 | 131 | 130 |
| 중국 | 화학 | 89 | 88 | 85 | 81 | 90 | 91 | 82 |
| | 에너지 | 88 | 89 | 81 | 80 | 85 | 92 | 93 |
| | 철강 | 78 | 78 | 80 | 79 | 75 | 82 | 85 |
| | 정보통신 | 76 | 72 | 73 | 79 | 80 | 71 | 72 |
| | 자동차 | 80 | 78 | 79 | 85 | 82 | 80 | 81 |

① 종합 선호도 지수로 볼 때, 우리나라의 철강 기술 선호도 지수는 일본보다 중국과의 격차가 더 크다.
② 일본의 화학 기술 선호도가 에너지 기술 선호도보다 낮은지 여부는 알 수 없다.
③ 일본은 정보통신 산업을 제외한 모든 산업에서 제품 관련 선호도가 가장 높다.
④ 우리나라 국민의 국가별 기술 선호도는 일본, 한국, 중국 순이다.
⑤ 종합 선호도 지수로 볼 때, 우리나라와 중국의 기술 선호도 지수 차이가 가장 큰 산업은 철강 산업이다.

**16** 다음은 OECD 가입국 중 일부 국가의 의료종사자 수를 조사하여 나타낸 자료이다. 이에 대한 설명으로 옳은 것을 〈보기〉에서 모두 고르면?

(단위 : 인구 천 명당 명)

| 구분 | 2023년 | | 2024년 | | 2025년 | |
|---|---|---|---|---|---|---|
| | 의사 | 간호사 | 의사 | 간호사 | 의사 | 간호사 |
| 한국 | 2.0 | 4.6 | 2.0 | 4.7 | 2.1 | 4.8 |
| 체코 | 3.6 | 8.1 | 3.6 | 8.0 | 3.7 | 8.1 |
| 독일 | 3.7 | 11.2 | 3.8 | 11.3 | 4.0 | – |
| 헝가리 | 2.9 | 6.2 | 3.0 | 6.2 | 3.1 | 6.3 |
| 폴란드 | 2.2 | 5.3 | 2.2 | 5.2 | 2.2 | 5.5 |
| 스페인 | 3.8 | 5.2 | 3.8 | 5.2 | 3.8 | 5.2 |
| 영국 | 2.7 | 9.5 | 2.7 | 8.0 | 2.8 | 8.2 |
| 오스트리아 | – | – | 3.3 | 10.2 | 3.3 | 10.2 |
| 뉴질랜드 | 2.6 | 10.0 | 2.6 | 10.0 | 2.7 | 10.1 |

┌ 보기 ┐
ㄱ. 2025년 인구 대비 간호사 수가 가장 많은 국가는 오스트리아다.
ㄴ. 2024년 인구 천 명당 간호사의 수가 10명 이상인 국가는 두 곳뿐이다.
ㄷ. 2025년 인구 대비 의사의 수가 가장 많은 나라는 2023년, 2024년에도 의사의 수가 가장 많다.

① ㄱ
② ㄴ
③ ㄱ, ㄴ
④ ㄱ, ㄷ
⑤ ㄴ, ㄷ

**17** 다음은 우리나라 20대 남녀를 대상으로 결혼관에 대해 설문조사한 결과를 나타낸 그래프이다. 이에 대한 해석으로 적절하지 않은 것은?

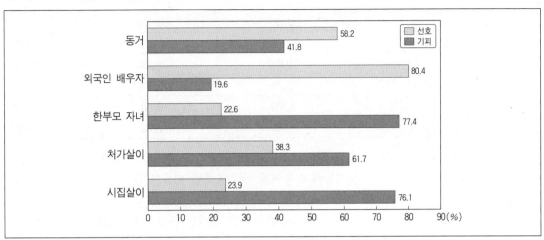

① 동거에 대한 선호 비율은 기피 비율보다 16.4%p 많다.

② 한부모 자녀에 대한 생각은 선호하는 입장보다 기피하는 입장이 2배 이상 많다.

③ 시집살이와 처가살이 모두 기피하는 경향이 뚜렷하다.

④ 외국인 배우자를 선호하는 비율은 한부모 자녀를 선호하는 비율보다 57.8%p 많다.

⑤ 한부모 자녀에 대한 선호와 기피의 비율의 차이는 시집살이에 대한 선호와 기피의 비율 차이보다 더 작다.

**18** 다음은 A사의 입사 지원자 수와 합격자 수를 나타낸 자료이다. 이에 대한 설명으로 옳지 않은 것은?

(단위 : 명)

| 모집부서 | 남성 | | 여성 | | 합계 | |
|---|---|---|---|---|---|---|
| | 합격자 | 지원자 | 합격자 | 지원자 | 모집정원 | 총 지원자 |
| 경영부 | 281 | 721 | 193 | 312 | 474 | 1,033 |
| 영업부 | 381 | 829 | 213 | 382 | 594 | 1,211 |
| 개발부 | 192 | 659 | 150 | 180 | 342 | 839 |
| 합계 | 854 | 2,209 | 556 | 874 | 1,410 | 3,083 |

① 3개의 모집부서 중 경쟁률이 제일 높은 부서는 개발부서이다.

② 3개의 모집부서 중 가장 많은 인원을 채용한 부서는 영업부서이다.

③ 남성 합격자는 여성 합격자의 1.7배 이상이다.

④ 경쟁률이 높은 순서대로 순서를 매기면 개발부-경영부-영업부 순서이다.

⑤ 이 회사는 모든 부서에서 여성보다 남성을 많이 뽑았다.

**19** 다음은 자녀와 함께 살고 있는 65세 이상의 노인을 대상으로 '자녀와의 동거 이유'에 대해 설문조사를 한 결과이다. 이에 대한 설명으로 옳지 않은 것은?

| 구분 | 2010년 | 2020년 | 2025년 |
|---|---|---|---|
| 독립생활 불가능 | 53.2% | 47.3% | 36.5% |
| 경제적 여건 부족 | 23.8% | 18.7% | 16.4% |
| 친손 · 외손의 양육 | 16.2% | 23.8% | 32.1% |
| 같이 살고 싶어서 | 5.8% | 8.1% | 10.4% |
| 기타 | 1.0% | 2.1% | 4.6% |

① 독립생활이 불가능해서 동거한다는 응답 비율은 점차 줄어들고 있다.
② 2010년에 독립생활이 불가능해서 동거를 한다는 응답 비율과 같이 살고 싶어서 동거를 하고 있다는 응답 비율 차이는 42.4%p이다.
③ 2010년에 친손 · 외손의 양육 때문에 같이 살고 있다는 응답 비율과 2025년에 경제적 여건이 부족해서 같이 산다는 응답 비율은 비슷하다.
④ 같이 살고 싶어서 동거를 하고 있다는 응답 비율은 점점 늘어나고 있다.
⑤ 조사기간 동안 친손 · 외손의 양육 문제로 동거한다는 응답 비율은 점점 늘어나고 있다.

**20** 다음은 어느 나라 고등학생들의 자퇴 사유를 조사하여 나타낸 자료이다. 이에 대한 설명으로 옳지 않은 것은?

(단위: 명)

| 구분 | 2021년 | 2022년 | 2023년 | 2024년 | 2025년 |
|---|---|---|---|---|---|
| 학업 부진 | 14,075 | 14,282 | 15,206 | 13,932 | 11,685 |
| 질병 | 5,944 | 5,911 | 5,556 | 5,247 | 4,658 |
| 경제 사정 악화 | 4,136 | 3,639 | 3,185 | 2,360 | 2,269 |
| 이민 | 7,943 | 8,134 | 8,332 | 7,345 | 6,160 |
| 진로 변경 | 34,766 | 38,022 | 43,162 | 48,099 | 46,175 |
| 가정사 | 10,398 | 9,726 | 9,087 | 8,041 | 6,062 |
| 교내 생활 부적응 | 30,338 | 31,406 | 33,053 | 32,849 | 30,649 |
| 기타 | 5,757 | 5,497 | 5,488 | 5,656 | 4,735 |
| 합계 | 113,357 | 116,617 | 123,069 | 123,529 | 112,393 |

① 2021년부터 2025년까지 자퇴 사유 중 가장 많은 비중을 차지하는 것은 진로 변경이다.
② 이민으로 인해 자퇴하는 학생의 수는 2023년까지 증가 추세를 보이다가 그 이후로는 감소 추세를 보인다.
③ 학업 부진으로 인해 자퇴하는 학생의 수는 2023년까지 증가 추세를 보이다가 그 이후로는 감소 추세를 보인다.
④ 질병으로 인해 자퇴하는 학생의 수는 점점 감소하고 있으나 교내 생활 부적응을 이유로 자퇴하는 학생의 수는 점점 증가하고 있다.
⑤ 자퇴 사유 중 가장 낮은 비중을 차지하는 것은 경제 사정 악화이다.

# SK하이닉스

온라인 필기시험

박문각

# SK하이닉스

온라인 필기시험
봉투모의고사

/

정답 및 해설

# 제1회 모의고사

| 01. ⑤ | 02. ⑤ | 03. ① | 04. ⑤ | 05. ⑤ |
|-------|-------|-------|-------|-------|
| 06. ② | 07. ② | 08. ① | 09. ⑤ | 10. ① |
| 11. ② | 12. ③ | 13. ④ | 14. ⑤ | 15. ② |
| 16. ② | 17. ⑤ | 18. ③ | 19. ② | 20. ④ |
| 21. ① | 22. ④ | 23. ② | 24. ① | 25. ④ |
| 26. ② | 27. ⑤ | 28. ② | 29. ⑤ | 30. ⑤ |

**언어이해**

| 01. ③ | 02. ④ | 03. ① | 04. ① | 05. ⑤ |
|-------|-------|-------|-------|-------|
| 06. ② | 07. ⑤ | 08. ① | 09. ④ | 10. ③ |
| 11. ② | 12. ⑤ | 13. ⑤ | 14. ③ | 15. ① |
| 16. ⑤ | 17. ② | 18. ② | 19. ② | 20. ③ |

**창의수리**

| 01. ③ | 02. ② | 03. ① | 04. ② | 05. ⑤ |
|-------|-------|-------|-------|-------|
| 06. ① | 07. ① | 08. ② | 09. ② | 10. ① |
| 11. ① | 12. ③ | 13. ② | 14. ① | 15. ⑤ |
| 16. ① | 17. ② | 18. ② | 19. ⑤ | 20. ② |
| 21. ① | 22. ② | 23. ① | 24. ④ | 25. ③ |
| 26. ② | 27. ⑤ | 28. ① | 29. ④ | 30. ④ |

**자료해석**

| 01. ① | 02. ③ | 03. ③ | 04. ① | 05. ④ |
|-------|-------|-------|-------|-------|
| 06. ① | 07. ③ | 08. ④ | 09. ① | 10. ② |
| 11. ④ | 12. ⑤ | 13. ④ | 14. ④ | 15. ② |
| 16. ④ | 17. ④ | 18. ① | 19. ⑤ | 20. ⑤ |

## 언어표현

**01 ▶ ⑤**
실마리 : 일이나 사건을 풀어 나갈 수 있는 첫머리
단서 : 어떤 문제를 해결하는 방향으로 이끌어 가는 일의 첫 부분

**02 ▶ ⑤**
무시하다 : 사람을 깔보거나 업신여기다.
업신여기다 : 교만한 마음에서 남을 낮추어 보거나 하찮게 여기다.

**03 ▶ ①**
달성 : 목적한 것을 이룸
성취 : 목적한 바를 이룸

**04 ▶ ⑤**
독점 : 혼자서 모두 차지함(＝ 독차지)
전유 : 혼자 독차지하여 가짐
① 과점 : 경제에서, 몇몇 기업이 어떤 상품 시장의 대부분을 지배하는 상태를 가리킴

**05 ▶ ⑤**
반항 : 다른 사람이나 대상에 맞서 대들거나 반대함
복종 : 남의 명령이나 의사를 그대로 따름

**06 ▶ ②**
찰나 : 매우 짧은 시간
영겁 : 영원한 세월

**07 ▶ ②**
촉진 : 다그쳐 빨리 나아가게 함
억제 : 감정, 욕망, 충동적 행동 등을 내리눌러서 그치게 함

**08 ▶ ①**
유약하다 : 어리고 약하다.
강건하다 : 의지나 기상이 굳세고 건전하다.

**09 ▶ ⑤**
①, ②, ③, ④는 모두 반의어 관계이다.
⑤는 유의어 관계이다.

**10 ▶ ①**
① '염세적'은 세상을 부정적으로 보는 것을 의미하므로, '낙천적'과 반의어 관계이다.
⑤ '냉소'와 '조소'는 비웃음을 의미한다.

**11 ▸ ②**

②는 유의어 관계이다.

①, ③, ④, ⑤는 모두 반의어 관계이다.

① 초름하다 : 넉넉하지 못하고 조금 모자라다.

④ 푼푼하다 : 모자람이 없이 넉넉하다.

**12 ▸ ③**

③ 의뭉하다 : 겉으로는 어리석은 것처럼 보이면서 속으로는 엉큼하다.

**13 ▸ ④**

④ 짬짜미 : 남모르게 자기들끼리만 짜고 하는 약속이나 수작

**14 ▸ ⑤**

모로 : 비껴서 또는 대각선으로

**15 ▸ ②**

무람없다 : 예의를 지키지 않으며 삼가고 조심하는 것이 없다.

**16 ▸ ②**

제시된 문장의 '간다'는 '관심이나 눈길 따위가 쏠리다'라는 의미이다. 이와 같은 의미로 사용된 것은 ②이다.

① 말이나 소식이 전해지다.

③ 물건이나 권리가 누군가에게 옮겨지다.

④ 직책이나 자리를 옮기다.

⑤ 모임에 참석하기 위해 이동하다.

**17 ▸ ⑤**

제시된 문장의 '손'은 '어떤 사람의 영향력이나 권한이 미치는 범위'를 의미한다. 이와 같은 의미로 사용된 것은 ⑤이다.

① 일손

② 사람 몸의 일부인 손가락

③, ④ 어떤 일을 하는 데 드는 사람의 힘이나 노력, 기술

**18 ▸ ③**

③ '이립'은 30세를 뜻한다.

**19 ▸ ②**

전승(傳承) : 문화, 풍속, 제도를 이어받아 계승함

전파(傳播) : 전하여 널리 퍼뜨림

전래(傳來) : 예로부터 전해 내려옴

**20 ▸ ④**

한창 : 어떤 일이 가장 활기 있고 왕성하게 일어나는 때. 또는 어떤 상태가 가장 무르익은 때

한참 : 시간이 상당히 지나는 동안

**21 ▸ ①**

야당은 정당에 속한다. 이와 같은 포함관계를 찾으면 ①이다.

**22 ▸ ④**

용도관계를 나타낸다. 톱을 나무를 자르는 데 쓰이고, 바늘을 천을 꿰매는 데 쓰인다.

**23 ▸ ②**

병의 높임말은 병환이다. 나이의 높임말은 연세이다.

**24 ▸ ①**

생강, 후추, 겨자, 계피는 모두 향신료의 종류이다.

**25 ▸ ④**

스크린 쿼터, 농구의 4쿼터제를 연상할 수 있으며, 25센트 동전은 '쿼터(quarter)'라고 한다.

**26 ▸ ②**

제시된 백설공주, 신데렐라, 콩쥐팥쥐 모두 계모로부터 시련을 겪는 주인공이 등장하는 동화이다.

**27 ▸ ⑤**

토사구팽 : 토끼가 죽으면 토끼를 잡던 사냥개도 필요 없게 되어 주인에게 삶아 먹히게 된다는 뜻으로, 필요가 없어지면 버려진다는 의미

**28 ▶ ②**

②를 제외하고는 모두 어리석음과 융통성 없음을 의미하는 사자성어이다.

② 주머니 속의 송곳. 즉 재능이 뛰어난 사람은 숨어 있어도 저절로 사람들에게 알려짐을 뜻함

① 고지식하여 조금도 융통성이 없음

③ 융통성 없이 현실에 맞지 않는 낡은 생각을 고집하는 어리석음

④ 한 가지 일에만 얽매여 발전을 모르는 어리석은 사람

⑤ 우직하여 융통성이 없이 약속만을 굳게 지킴

**29 ▶ ⑤**

⑤ 멋쩍다 : 어색하고 쑥스럽다.

① 각별이 → 각별히

② 실증 → 싫증

③ 오랫만에 → 오랜만에

④ 가던지 오던지 → 가든지 오든지

(과거의 사실을 말할 때는 '~던지', 선택의 경우를 말할 때는 '~든지'로 쓴다.)

**30 ▶ ⑤**

① '선방'과 '잘해서'의 의미가 중복된다. '골키퍼가 선방해서~'로 쓰는 것이 자연스럽다.

② '미리'와 '예방'의 의미가 중복된다. '산불을 예방하도록~'으로 쓰는 것이 자연스럽다.

③ '거의'와 '대부분'의 의미가 중복된다. '거의'를 빼고 쓰는 것이 자연스럽다.

④ '날조'와 '조작'의 의미가 중복된다. '날조된'을 빼고 쓰는 것이 자연스럽다.

**언어이해**

**01 ▶ ③**

이직을 위한 일시적 실업과 산업의 자동화·사양화로 인한 실업, 즉 두 가지 유형의 실업에 대해 설명하고 있다.

**02 ▶ ④**

시민혁명의 주체 세력들은 부유한 시민들이었으므로, 소시민이나 농민들과는 이해관계가 다르다는 한계를 갖고 있었다는 내용의 글이다. 따라서 글의 제목으로는 ④가 적절하다.

**03 ▶ ①**

일본어가 우리말과 어순, 문법 구조, 조사의 용법 등이 매우 닮아, 한국인이 배우기 쉬운 외국어라고 이야기하고 있다.

**04 ▶ ①**

아이들 자신이 하고 싶은 것을 자신의 방식으로 학습하는 것의 중요성을 강조하고 있다.

**05 ▶ ⑤**

인쇄 매체를 통해 정보를 얻는 것은 지적 긴장과 시간이 필요하다는 점에서 비경제적일 수 있지만, '정보 전달'에 치르는 대가는 충분히 보상된다며 인쇄 매체의 장단점을 밝히고 있다.

**06 ▶ ②**

금융기관의 유인 점포가 수도권에만 남고 농촌 등 비수도권에서 사라지고 있다고 하였으므로, 전국적으로 사라지고 있다는 내용은 글의 내용과 일치하지 않는다.

**07 ▶ ⑤**

⑤ 조별 예선의 3위 국가들이 본선 출전권 3장을 놓고 승부를 가린다고 하였다. 즉 예선 3위 3개 국가가 본선에 진출한다.

**08 ▶ ①**

①은 제시문에서 찾아볼 수 없는 내용이다. '원소'에 대한 언급은 화성이 아닌 '지구'와 관련하여 제시되었다.

**09 ▶ ④**

제시문은 풍산개의 유래 및 크기, 모습, 특성, 성질 등을 나열한 글이다. 풍산개의 종류에 대해서는 제시되어 있지 않다.

**10 ▶ ③**

밑줄 친 부분 바로 앞의 문장에서 '인간의 육체는 인간의 정신과도 분리될 수 없다'라고 하였으므로 이 문장의 뒷부분에는 인간의 육체와 정신을 분리하여 사고하지 않는다는 내용의 ③이 적절하다.

**11 ▶ ②**

실제로 배가 고픈 것이 아닌데도 스트레스, 감정 기복, 피로 등으로 가짜 식욕을 느끼는 것이므로 '심리적' 허기를 느끼는 것이라 할 수 있다.

**12 ▶ ⑤**

축구 경기가 점차 지지 않기만을 위한 경기가 되어 가고 있으며, 이를 위해 반칙까지 일삼는 것이 문제라는 주장이므로 과열된 '승부욕'이 가장 어울린다.

**13 ▶ ⑤**

먼저 디케에 대한 설명으로 시작하는 것이 자연스러우므로 ⓒ, ⓒ을 제시한다. 지시어 '이'가 디케의 모습을 가리키므로 ㉠으로 이어지고 ㉣의 접속어 '그래서'가 인과의 기능으로 디케의 모습과 대한민국 법원의 마크가 비슷함을 나타낸다.

**14 ▶ ③**

'이처럼', '하지만', '따라서'는 가장 앞에 올 수 없으므로 ⓒ이 가장 앞에 배치된다.

과학기술이 인류에게 기여했다는 내용의 ⓒ이 나온 후, 과학기술이 위기를 불러왔다는 ⓒ이 제시되고, 이처럼 과학기술이 인류에게 기여만 하는 것은 아니라는 내용의 ㉠이 오고, 마지막으로 과학기술은 우리가 판단하고 활용하는 것에 달려 있다는 ㉣로 마무리할 수 있다.

**15 ▶ ①**

ⓒ 자본주의 사회에서 가장 믿을 수 있는 기관은 은행이지만, ㉣ 은행 역시 망할 수 있는 사기업에 불과하다. 그 뒤에는 ⓒ 은행이 망하는 이유와 ㉠ 은행이 망하게 되면 선량한 시민들이 저축한 채권이 무용지물이 된다는 내용이 이어진다.

**16 ▶ ⑤**

빈칸의 앞부분에서는 자전거를 타면 근력을 강화시킬 수 있음을 이야기하고 있고, 뒷부분에서는 자전거를 타면 스트레스를 풀 수 있다고 이야기하고 있다. 자전거를 타면서 얻을 수 있는 장점을 나열하고 있는 것이므로, 빈칸에는 첨가의 접속어 '또한'이 적절하다.

**17 ▶ ②**

제시문은 옛날 가정교육의 장점과 단점에 대해 말하고 있다. 빈칸은 장점과 단점을 이어 주어야 하므로 역접의 접속어인 '그러나'가 들어가는 것이 알맞다.

**18 ▶ ②**

제시문에서 동양의 가족주의는 폐쇄적이거나 집단 이기적인 울타리가 아니며, 사회를 보는 눈이 되고 대인관계의 모델이 된다고 하였다. 그러나 ②처럼 한국인들이 내집단과 외집단을 나눈다든지, 그 외집단을 배척하는 태도를 보인다든지 하는 행위는 내집단의 폐쇄성을 드러내 주는 사례이므로 제시문을 비판하기 위한 근거로 적절하다.

**19 ▶ ②**

쥐는 다양한 서식지에 적응하는 능력을 가졌으며, 인간의 삶이 유지될 수 없는 매우 극한의 환경일지라도 적응해서 살아 나간다고 하였다. 따라서 황폐하고도 추워서 인간이 살아갈 수 없는 남극 주변의 섬에서도 쥐가 서식하고 있다는 사실이 글의 주장을 가장 잘 뒷받침해 준다.

**20 ▶ ③**

빈칸의 뒤에서 후한 속담으로 '셈 치는' 사회에서 일어남 직한 발상이라 하였으므로 말만 잘하면 어려운 일도 해결된다는 의미를 가진 ③ '말 한마디에 천 냥 빚도 갚는다'가 가장 적절한 속담이다.
① 감기 고뿔도 남을 안 준다 : 감기까지도 남에게 주지 않을 만큼 지독하게 인색함
② 인색한 부자가 손쓰는 가난뱅이보다 낫다 : 부자는 인색하여도 남는 것이 있어 없는 사람이 물질적 도움을 입을 수 있음
④ 모로 가도 서울만 가면 된다 : 수단이나 방법은 어찌 되었든 간에 목적만 이루면 됨
⑤ 절에 가서 젓국 달라 한다 : 사람이나 물건이 있을 수 없는 데서 그것을 찾는 경우

**창의수리**

**01** ▸ ③

**02** ▸ ②

**03** ▸ ①

**04** ▸ ②

**05** ▸ ⑤

**06** ▸ ①

**07** ▸ ①

**08** ▸ ②

**09** ▸ ②
　① 11 ② 19 ③ 12 ④ 11 ⑤ 14

**10** ▸ ①
　① 15 ② 27 ③ 21 ④ 23 ⑤ 19

**11** ▸ ①
A = 46, B = 40이므로 A＞B

**12** ▸ ③
A = 9.3, B = 9.30이므로 A = B

**13** ▸ ②
$A = \dfrac{18+25+21+17}{4} = 20.25,$

$B = \dfrac{34+19+7+25}{4} = 21.25$이므로 A＜B

**14** ▸ ①
52 － 35 ＋ 28 － 4 = 41

**15** ▸ ⑤
100cm = 1m이므로, 210cm = 2.1m

**16** ▸ ①
1시간 10분 5초 = 3,600초 ＋ 600초 ＋ 5초 = 4,205초

**17** ▸ ②
1000g = 1kg = 0.001t이므로, 7,550g = 0.00755t

**18** ▸ ②
소수 첫째 자리를 할, 소수 둘째 자리를 푼, 소수 셋째 자리를 리라 하므로, 4할 3푼 5리는 0.435이다. 이를 백분율로 나타내면, 43.5%이다.

**19** ▸ ⑤
－ 2, － 3, － 4, － 5, …의 규칙이다. 9 － 6 = (3)이므로, 답은 ⑤이다.

**20** ▸ ②
두 숫자의 합이 그 다음 숫자가 되는 피보나치 수열이다.
3 ＋ 5 = 8, 5 ＋ 8 = 13, 8 ＋ 13 = 21, 21 ＋ 34 = (55)이다.

**21** ▸ ①
－ 2, ×2가 반복되는 규칙이다. 20 － 2 = (18)이다.

**22** ▸ ②
＋ 0.5, － 0.2가 반복되는 규칙이다. 1.4 ＋ 0.5 = (1.9)이다.

**23** ▸ ①

a × b ＋ c = d이므로 ？× 9 ＋ 14 = 86
？에 들어갈 숫자는 8이다.

**24 ▸ ④**

7 + 5 + 10 + 8 = 30
1 + 14 + 6 + 9 = 30
12 + 3 + 8 + ? = 30
?에 들어갈 숫자는 7이다.

**25 ▸ ③**

거리 = 속력 × 시간이므로, 8(km) × 3.5(시간) = 28(km)
이다.

**26 ▸ ②**

형의 나이를 $a$살이라 하면, 동생 나이는 $(a-9)$살, 어머니 나이는 $2a$살이다.
어머니 나이가 동생 나이의 3배이므로 $3 \times (a-9) = 2a$이고, $3a - 27 = 2a$, $a = 27$임을 알 수 있다.
따라서 형은 27살, 동생은 18살, 어머니는 54살이다.

**27 ▸ ⑤**

성인 : 1,000원 × 32명 = 32,000(원)
어린이 : 700원 × 8명 = 5,600(원)
따라서 이날 오전 총 입장료는 32,000원 + 5,600원 = 37,600(원)이다.

**28 ▸ ①**

4,500원을 20% 할인했으므로, 80% 가격에 팔기로 한 것이다. 따라서 4,500 × 0.8 = 3,600(원)이 할인한 판매가이다.
물건을 5개 판매하였으므로, 총 판매금액은 3,600원 × 5 = 18,000(원)이다.

**29 ▸ ④**

비용의 평균을 구하면 된다.
$\frac{210+190+260}{3} = 220$(만 원)이다.

**30 ▸ ④**

시험을 제일 잘 본 학생은 92점을 받은 B, 제일 못 본 학생은 67점을 받은 D이므로 두 학생의 점수 차이는 92 − 67 = 25(점)이다.

**자료해석**

**01 ▸ ①**

① (가)에 들어갈 수치는 100 − (15 + 17 + 35) = 33(%)이다.
② 30대와 40대보다 20대의 선호도가 더 높다.
③ 연령대별 인구수가 제시되어 있지 않으므로 알 수 없다.
④ 미국에 대한 선호도는 30대가 가장 높다.
⑤ 아시아에 대한 선호도는 10대가 17%로 30대의 14%보다 더 높다.

**02 ▸ ③**

60대와 70대 이상은 증가, 감소, 감소로 동일한 증감 추이를 보이고 있다.

**03 ▸ ③**

③ 2025년의 경우 생산량은 감소했지만 국내 판매량은 증가하였다.
① 2024년 생산량이 증가했을 때 국내 판매량 증감률은 증가하고, 수출량 증감률은 감소하였다.
② 생산량이 가장 크게 늘어난 해는 2024년으로 가장 크게 줄어든 2025년보다 많은 제품을 생산하였다.
④ 2023년 대비 2024년 생산량과 국내 판매량은 늘어났으나 수출량은 줄어들었다.
⑤ 국내 판매량과 수출량의 격차가 가장 큰 시기는 2,645,125 − 867,331 = 1,777,794(대) 차이가 나는 2025년이다.

**04 ▸ ①**

5년 미만 근무한 직원 450명 중 정규직의 비율이 60%이므로 450 × 0.6 = 270(명)이다. 또한 5년 미만 근무한 직원 중 비정규직은 450 − 270 = 180(명)이므로 5년 이상 근무한 직원 중 비정규직은 426 − 180 = 246(명)이다. 따라서 5년 이상 근무한 직원 중 비정규직 직원의 비율은 $\frac{246}{550} \times 100 ≒ 44.7$(%)이다.

**05 ▸ ④**

④ 연봉제를 도입하는 기업 수는 증가하고 있으나 그 비율은 감소하고 있다.
① 연봉제, 성과급을 도입·운영하는 기업체 수는 매년 증가하고 있다.
② 2025년 성과급과 우리사주를 도입·운영하는 기업의 비율은 전년보다 0.5%p 감소하였다.
③ 2024년 관리 제도 중 전년 대비 증감률이 가장 큰 제도는 1%p 감소한 우리사주이다.
⑤ 우리사주를 도입하는 기업 수는 매년 감소하고 있고, 비율도 2024년 1%p, 2025년 0.5%p로 매년 감소하고 있다.

**06 ▶ ①**

2024년 생산 금액은 46,510억 원이므로 2025년 생산 금액은 46,510 × 1.2 = 55,812(억 원)이다.

**07 ▶ ③**

A : 100 − (14.0 + 60.9) = 25.1
B : 13,848 − (3,370 + 8,732) = 1,746
C : 100 − (12.6 + 25.3) = 62.1
D : 2,758 + 3,974 + 12,336 = 19,068
E : 1,625 + 3,065 + 7,231 = 11,921

**08 ▶ ④**

㉠ 자살로 인한 사망률은 점점 증가하는 추세이다.
㉢ 2023년 대비 2025년 자살과 질병으로 인한 사망자 수, 사망률은 모두 증가하였다.
㉡ 2021년부터 2022년까지 질병에 의한 사망자 수는 감소하다가 2023년 다시 증가하였다.

**09 ▶ ①**

㉠ 2022년부터 2025년까지 전체 체육 담당 교원 수는 각각 13,998명, 13,103명, 13,008명, 12,113명으로 꾸준히 감소했다.
㉢ 2024년 일반계 고등학교와 실업계 고등학교에 근무하는 체육 담당 교원 수는 3,795 + 1,615 = 5,410(명)이다.
㉡ 2022년 전체 교원 중 체육 담당 교원이 차지하는 비율은 일반계 고등학교 $\frac{3,943}{61,680} \times 100 ≒ 6.4(\%)$, 실업계 고등학교 $\frac{1,817}{44,265} \times 100 = 4.1(\%)$로 일반계 고등학교가 더 높다.
㉣ 차이가 가장 적었던 해는 2024년으로 92,589 − 7,598 = 84,991(명)이다.

**10 ▶ ②**

2025년에 국립과학수사연구소 전체 감정에서 유전자 감정이 차지하는 비율은 $\frac{52,309}{224,589} \times 100 ≒ 23.3(\%)$이다.

**11 ▶ ④**

④ 조사 기간인 1990~2020년 동안 전국 인구는 40,432 − 21,502 = 18,930(명), 도시 인구는 26,443 − 5,263 = 21,180(명) 증가하였으므로 전국 인구 수가 도시 인구 수보다 적게 증가하였다.
① 조사 기간 동안 전국의 인구는 21,502천 명, 29,160천 명, 34,681천 명, 40,432천 명으로 꾸준히 증가하였다.
② 도시 인구가 세 번째로 많았던 해는 9,780천 명인 2000년이다.
③ 1990년에서 2010년 사이에 도시 인구비는 48.4 − 24.5 = 23.9(%p) 증가하였다.
⑤ 1900년에서 2020년 사이 도시 인구는 $\frac{26,443}{5,263} ≒ 5.0(배)$ 증가하였다.

**12 ▶ ⑤**

⑤ 두 번째로 가장 많이 증가한 범죄는 7,490건 증가한 불법복제 판매이다.
① 2021년에 사이버범죄에서 가장 큰 비중을 차지하는 것은 26,875건인 인터넷 사기이다.
② 2021~2025년 동안 사이버범죄는 51,722건, 63,384건, 72,421건, 72,545건, 78,890건으로 점점 증가하고 있다.
③ 2025년 불법복제 판매는 2021년보다 $\frac{8,167}{677} ≒ 12.1(배)$ 증가하였다.
④ 2024년에 세 번째로 많은 비중을 차지하는 것은 9,436건인 사이버 폭력이고, 2025년에 세 번째로 많은 비중을 차지하는 것도 12,905건인 사이버 폭력으로 같다.

**13 ▶ ④**

④ 2025년 월평균 소비지출액에서 식료품비가 차지하는 비중은 $\frac{471.6}{1,834.8} \times 100 ≒ 25.7(\%)$이다.
① 식료품비는 2021년 대비 2025년에 $\frac{471.6}{219.1} ≒ 2.2(배)$ 증가하였다.
② 곡류의 소비지출 비중은 19.1%, 11.7%, 11.3%로 감소하고 있고, 외식의 소비지출 비중은 20.7%, 33.7%, 42.8%로 증가하고 있다.
③ 2023년과 2025년 곡류 소비지출 비중은 11.7%, 11.3%이고, 축산물 소비지출 비중은 14.5%, 13.9%로 곡류보다 크다.
⑤ 외식비 소비지출액 비중은 20.7%, 33.7%, 42.8%로 증가하고 있고, 액수도 44.8천 원, 136.6천 원, 201.5천 원으로 증가하고 있다.

**14 ▶ ④**

2024년 남자 운전면허 보유자 수는 전체 보유자 수의 $\frac{13,204,159}{19,884,337} \times 100 ≒ 66.4(\%)$이다.

**15 ▶ ②**

25.1 + 48.2 + 10.1 = 83.4(%)

**16 ▸ ④**

다른 해의 석탄 소비량을 보면 '소비 = 연탄용 소비 + 발전용 소비 + 산업용 소비'임을 알 수 있다. 따라서 (가) = 1,859 + 839 = 2,698, (나) = 1,822 + 543 = 2,365가 되어 (가) + (나) = 2,698 + 2,365 = 5,063이 된다.

**17 ▸ ④**

④ 결핵치료 성공률이 90% 이상인 해는 2016, 2017, 2020, 2021, 2022, 2023, 2024년도로 10개년 중 7개년에서 90% 이상이므로 과반수 이상의 연도에서 결핵치료 성공률 90%에 달했음을 알 수 있다.
① 결핵예방률은 해가 지날수록 점차 높아지고 있으나 결핵발생률 또한 해가 지날수록 높아지고 있다.
② 결핵발생률은 점차적으로 증가 추세이다.
③ 결핵사망률의 감소폭은 2017년도 91명에서 82명으로 9명 감소, 같은 식으로 2018년 10명 감소, 2019년 11명 감소, 2020년 10명 감소, 2021년 8명, 2022년 7명, 2023년 5명, 2024년 2명, 2025년 2명으로 점차 감소하고 있다.
⑤ 결핵유병률이 최초로 인구 10만 명당 500명을 넘은 해는 2023년도이다.

**18 ▸ ①**

분포비율이 가장 높은 소득구간은 300~400만 원이고 가장 낮은 구간은 100만 원 미만 구간이다. 300~400만 원의 각 월평균 사교육비의 합은 21.2(만 원)이며, 100만 원 미만의 각 월평균 사교육비의 합은 6.4(만 원)이므로 분포비율이 높은 소득구간의 사교육비의 합은 낮은 구간의 사교육비 합의 약 3.3배이다.

**19 ▸ ⑤**

㉠ 10대 이하 대비 20대의 자원봉사자 수가 더 많은 시도는 서울특별시, 부산광역시, 대구광역시, 강원도로 총 4곳이다.
㉡ 강원도의 40대 자원봉사자 수는 30대 자원봉사자 수의 $\frac{3,326}{1,563} ≒ 2.1$(배)이다.
㉢ 대전광역시의 연령별 자원봉사자 수의 일의 자리만 모두 더해보면, 6+0+9+9+6+6 = 36이므로 모두 더한 합계의 일의 자릿수는 6이다.

**20 ▸ ⑤**

2022년 혼인건수는 이혼건수의 $\frac{336}{120} = 2.8$(배)이다.

# 제2회 모의고사

## 언어표현

**01 ▸ ③**

거론 : 어떤 사항을 논제로 삼아 제기하거나 논의함
언급 : 어떤 문제에 대해 말함

**02 ▸ ②**

작금 : 어제와 오늘을 아울러 이르는 말
요즈음 : 바로 얼마 전부터 이제까지의 무렵

**03 ▸ ③**

타계 : (인간계를 떠나 다른 세계로 간다는 뜻으로) 귀인의 죽음을 이르는 말
영면 : (영원히 잠든다는 뜻으로) 사람의 죽음을 이르는 말

**04 ▸ ④**

낭설 : 터무니없는 헛소문
헛소문 : 근거 없이 떠도는 소문

**05 ▸ ②**

기량 : 사람의 재능과 도량을 이름
재능 : 어떤 일을 하는 데 필요한 재주와 능력

**06 ▸ ⑤**

우연 : 아무런 인과 관계가 없이 뜻하지 않게 일어난 일
필연 : 사물의 관련이나 일의 결과가 반드시 그렇게 될 수밖에 없음

**07 ▸ ③**

저가 : 시세에 비하여 헐한 값
귀가 : 비싼 가격. 또는 값이 비싼 것

**08 ▸ ④**

'입체적'은 사물을 여러 각도에서 종합적으로 파악하는 것을 말한다. '평면적'은 겉으로 나타난 일반적 사실만을 표현하는 것을 말한다.

**09 ▸ ②**

시초 : 맨 처음
궁극 : 어떤 과정의 마지막이나 끝

**10 ▸ ③**

③은 유의어 관계이다.
①, ②, ④, ⑤는 모두 반의어 관계이다.

**11 ▸ ④**
④는 반의어 관계이다.
간섭: 남의 일에 부당하게 참견함
방임: 간섭하지 않고 내버려 둠

**12 ▸ ①**
① 고명딸: 아들 많은 집의 외딸

**13 ▸ ②**
② 죽: 옷, 그릇 따위의 열 벌을 묶어 세는 단위

**14 ▸ ④**
자빡 치다: 아주 딱 잘라 거절하다.

**15 ▸ ⑤**
십상: 꼭 맞게

**16 ▸ ②**
제시된 문장의 '때리다'는 '어떤 물체가 다른 물체에 세차게
부딪치다'의 의미다. 이와 같은 의미로 사용된 것은 ②이다.
① 심한 충격을 주다.
③ 함부로 마구 하다.
④, ⑤ 손이나 손에 든 물건으로 아프게 치다.

**17 ▸ ①**
제시된 문장의 '앉다'는 '어떤 직위나 자리를 차지하다'의 의
미다. 이와 같은 의미로 사용된 것은 ①이다.
② 어떤 일에 적극적으로 나서지 아니하고 수수방관하다.
③ 어떤 것이 물체 위에 덮이거나 끼다.
④, ⑤ 엉덩이에 몸무게를 실어 다른 물건이나 바닥에 몸을
올려놓다.

**18 ▸ ①**
① 가름: 쪼개거나 나누어 따로따로 되게 하는 일(≒ 구분)
② 가능: 할 수 있거나 될 수 있음
③ 갈음: 다른 것으로 바꾸어 대신함
④ 감각: 덜어 버림
⑤ 개염: 부러워하며 샘하여 탐내는 마음

**19 ▸ ③**
'열 일 제치고', '나를 제치고', '골키퍼를 제치고'가 가장 적
절하다.

**20 ▸ ⑤**
감사(監査): 감독하고 검사함
감정(鑑定): 사물의 특성이나 참과 거짓, 좋고 나쁨을 분별
하여 판정함
검증(檢證): 검사하여 증명함

**21 ▸ ④**
특정 장소에 있는 것과 장소의 관계이다. 이와 다른 것은 ④
이다.

**22 ▸ ③**
무궁화는 꽃에 포함된다. 거미는 곤충에 포함된다.

**23 ▸ ④**
기자는 취재를 하고, 배우는 연기를 한다.

**24 ▸ ⑤**
인디언은 미국의 원주민을 의미한다. 미국은 1775년부터 8
년간 독립전쟁을 벌였으며, 성조기는 미국의 국기를 의미
한다.

**25 ▸ ②**
휴게소는 운전자의 편의와 안전을 위해 고속도로 중간에 위
치한다. 나들목은 고속도로와 일반 도로를 연결하는 통로이
고, 고속도로 이용 시 요금소(톨게이트)에 요금을 지불해야
한다.

**26 ▸ ①**
'진눈깨비'는 비가 섞여 내리는 눈을 의미하며, '사람'에서
'눈사람'을 연상할 수 있다. 눈은 대기 중의 수증기가 찬 기
운을 만나 땅 위로 떨어지는 것을 의미한다.

**27 ▸ ③**
③ 연목구어: 나무에 올라가서 물고기를 구한다는 뜻으로,
도저히 불가능한 일을 하려 함을 이르는 말

**28** ▸ ②

우이독경: 쇠귀에 경 읽기. 아무리 일러 주어도 알아듣지 못함

마이동풍: 남의 말을 귀담아 듣지 않고 지나쳐 흘려버림

① 조삼모사: 간사한 꾀로 남을 속여 희롱함

③ 정저지와: 견문이 좁아서 저만 잘난 줄 아는 사람을 이르는 말

④ 각골난망: 뼈에 새길 만큼 크게 입은 은혜

⑤ 군계일학: 많은 사람들 중 뛰어난 인물

**29** ▸ ①

일찌기 → 일찍이

**30** ▸ ①

② 선물하셨습니다 → 선물하였습니다

③ 오래 → 오라셔

④ 계시겠습니다 → 있으시겠습니다

⑤ 저희 나라 → 우리나라

**언어이해**

**01** ▸ ⑤

제시문은 듀이 교육론에 반대하는 의견에 대해 설명하고 있다.

**02** ▸ ④

제시문은 교육의 중요성을 강조한 후, 교육을 어떻게 실시해야 하는가에 대한 물음을 던지고 있다.

**03** ▸ ①

항생제의 개발과정에 따른 박테리아의 진화과정을 설명하고 있다.

**04** ▸ ②

첫 번째 문장을 통해 집단 소송제와 경영 투명성에 대한 내용을 유추하여 주제를 파악할 수 있다.

**05** ▸ ②

제시문은 백제의 수도였던 부여의 지리적 특성을 설명하고 있다.

**06** ▸ ④

김치를 담그고 보관하는 것이 날씨의 영향을 크게 받기 때문에, 김장을 하려면 날짜를 잡는 것이 중요하다고 하였다. 날씨와 김장의 관계를 중심 화제로 다루고 있으므로 ④가 제목으로 가장 적절하다.

**07** ▸ ③

방언 속에 옛말이 많이 남아 있다고 하였으나, 현재 사용하는 방언과 예전의 방언이 동일하다고 하지는 않았다.

**08** ▸ ②

서양에서 풍경화가 등장한 시기가 언제인지에 대한 언급은 없다.

**09** ▸ ④

카공족 증가로 인한 긍정적인 요인은 제시되어 있지 않으므로 ④는 글에서 나타나지 않은 내용이다.

**10 ▶ ④**

④ 장마는 차고 습한 오호츠크해 고기압 세력, 무더운 북태평양 고기압 세력이 우리나라 부근에서 만나 발생한다. 모두 고기압 세력이다.

**11 ▶ ④**

애플의 iOS는 타사와 호환이 되지 않는 운영 체제로, 자신만의 생태계를 구축해 왔다고 하였으므로, 빈칸에는 '폐쇄적인'이 적절하다.

**12 ▶ ③**

지진이 일어나는 원리에 대해 설명하고 있다. 따라서 밑줄 친 부분에는 이러한 원리가 어떤 현상에 대한 것인지를 말해주는 내용인 ③이 들어가야 한다.

**13 ▶ ④**

지구가 만들어지고, 지구의 바다에서 생명이 싹텄으므로 최초의 생명은 바다에서 출현했다. 이는 화석이 증명한다. 이를 순서대로 나타내면 ⓒ － ② － ⊙ － ⓒ이다.

**14 ▶ ⑤**

ⓒ이 다음에 나올 내용을 소개하는 기능을 하고 있으므로 ⓒ이 가장 먼저 온다. ⊙은 이러한 사실을 뒷받침하는 내용이므로 그 뒤에 온다. 마지막으로 ⓒ은 ②의 근거이므로 ② 바로 뒤에 와야 한다. 따라서 ⑤가 정답이다.

**15 ▶ ①**

먼저 ⓒ 최신 제품이 쏟아져 나오는 현실을 제시한 후 ⓒ 얼리어답터의 개념으로 이어지고 한국 얼리어답터의 활동과 영향력을 말하고 있는 ②이 나온다. 마지막으로 기업들이 이들을 사로잡아야 한다는 결론인 ⊙이 나오는 것이 자연스럽다.

**16 ▶ ②**

벼락은 전하를 띤 물방울들이 순간적으로 지상으로 떨어질 때 발생한다는 빈칸 앞 문장과, 물방울들이 모인 먹구름에서 벼락이 발생할 가능성이 높다는 뒷문장이 자연스럽게 이어져야 하므로 접속어 '따라서'가 알맞다.

**17 ▶ ②**

빈칸 앞뒤가 대립되는 내용이므로 '그러나'가 들어가는 것이 적절하다.

**18 ▶ ①**

제시문의 연구 결과는 '음주량이 많을수록 승진을 잘했지만 간암 발병률도 높아진다.'이다. 그리고 이를 통해 '음주량이 출세 및 간암의 주요한 인과적 원인'이라며 출세와 건강의 반비례 관계를 도출하고 있다.

① 출세와 건강을 병행할 수 있다는 사실이 드러나면 결론은 강화되지 않고 약화된다.

② 출세를 강하게 희망하는 사람일수록 음주량이 많아 간암 발병률이 높아질 것이기 때문에 그 결론은 강화된다.

③ 간암 유발 요인으로 유전적 요인 등 다른 원인이 밝혀지면 결론은 약화된다.

④ 출세와 건강 가운데 택일하라는 물음에 응답률이 높다는 것은 출세를 위해서는 음주 및 이로 인한 간암 위험이 있다는 것을 널리 인지하고 있음을 나타내는 것이므로 결론을 강화시켜준다.

⑤ 알코올을 많이 섭취한 쥐와 간암 발병률과의 상관관계를 밝히면 실험 대상이 확대되었으므로 결론은 강화된다.

**19 ▶ ③**

제시문에서는 사람의 인상이 평생에 걸쳐 고정되어 있는 경우에만 관상의 원리를 받아들일 만하다고 주장한다. 그런데 글쓴이는 관상의 원리를 받아들일 만하지 않다고 말하고 있으므로, 인상이 평생에 걸쳐 고정되어 있지 않다고 보는 관점이다. 이와 거리가 가장 먼 것은 ③이다.

**20 ▶ ④**

제시문 속의 인물은 남들보다 빠르게 정보를 얻음으로써 큰 부자가 될 수 있었다. 이로 보아 정보의 생명은 시간임을 추론할 수 있다.

**창의수리**

**01** ▶ ③

**02** ▶ ②

**03** ▶ ③

**04** ▶ ①

**05** ▶ ①

**06** ▶ ⑤

**07** ▶ ③

**08** ▶ ②

**09** ▶ ⑤
① 50 ② 75 ③ 79 ④ 57 ⑤ 45

**10** ▶ ③
① 25 ② 25 ③ 31 ④ 22 ⑤ 17

**11** ▶ ②
A = 36, B = 550이므로 A<B

**12** ▶ ②
A = 14.6, B = 31.30이므로 A<B

**13** ▶ ②
$$A = \frac{99+80+72+65}{4} = 79,$$
$$B = \frac{82.8+98.8+75.2}{3} = 85.60이므로 A<B$$

**14** ▶ ③
504 ÷ 6 = 84이므로, □에 들어갈 수는 4이다.
82 − 49 = 330이므로, △에 들어갈 수는 3이다.

**15** ▶ ⑤
① 9 ② 8 ③ $8\frac{2}{5}$ ④ $9\frac{2}{3}$ ⑤ 12

**16** ▶ ⑤
소수 첫째 자리를 할, 소수 둘째 자리를 푼이라 하므로, 2할 6푼은 0.26이다. 이를 백분율로 나타내면 26%이다.

**17** ▶ ⑤
100cm = 1m이므로, 19cm = 0.19m

**18** ▶ ③
1t = 1,000kg이므로, 140t = 140,000kg

**19** ▶ ②
1MB = 1024KB이므로, 20MB = 20,480KB

**20** ▶ ④
홀수항은 + 2, 짝수항은 − 1의 규칙이다.
(  )은 짝수항에 위치하고, 짝수항은 10, 9, 8, 7, (  )이다.
따라서 빈칸에는 6이 들어간다.

**21** ▶ ①
+ 1, + 2, + 3, + 4, + 5 …의 규칙이다. 23 + 6 = (29)이다.

**22** ▶ ②
+ 1, − 2, + 3, − 4, + 5 …의 규칙이다. 17 − 6 = (11)이다.

**23** ▶ ①

a × b − c = d이므로, ? × 9 − 10 = 17
?에 들어갈 숫자는 3이다.

**24** ▸ ③

16 + 3 + 5 = 24

8 − 1 + 12 = 19

5 + 24 − 8 = ?

?에 들어갈 숫자는 21이다.

**25** ▸ ④

마주보는 면에 있는 숫자의 합이 15가 되는 규칙이다.

20 − 5 = 15

12 + 3 = 15

8 + 7 = 15

1 + ? = 15

따라서 ?에 들어갈 숫자는 14이다.

**26** ▸ ②

54시간 걸리는 일을 18시간 만에 마쳐야 한다. 54 ÷ 18 = 3 이므로, 시간을 $\frac{1}{3}$ 로 단축해야 하는 것이다. 따라서 일하는 사람을 3배 늘려야 한다. 7 × 3 = 21(명)이 일을 해야 한다.

**27** ▸ ③

물 450g에 소금 50g을 더하는 것이므로 소금물은 총 500g 이 된다.

소금물 500g 중 소금이 50g 포함된 것이므로 농도를 구하면 $\frac{50}{500}$ × 100 = 10(%)이다.

**28** ▸ ①

오리가 $x$마리, 개가 $y$마리 있다면,

총 62마리가 있으므로, $x + y = 62$

다리가 모두 196개이므로, $2x + 4y = 196$

이를 연립하여 풀면 $x = 26$, $y = 36$이므로, 오리는 모두 26마리가 있다.

**29** ▸ ②

어제 예금한 돈을 $a$원이라고 하면, $a$원 × 3 + 400원 = 5,500원이므로 $a = (5,500 − 400) ÷ 3 = 1,700$(원)이다.

**30** ▸ ④

시간 = $\frac{거리}{속도}$이므로,

올라갈 때 걸린 시간 = $\frac{16km}{4km/h}$ = 4(시간)

내려올 때 걸린 시간 = $\frac{16km}{8km/h}$ = 2(시간)

이므로, 왕복하는 데 총 6시간이 걸렸다.

## 자료해석

**01 ▶ ①**

① 심장질환은 0세, 10~19세, 인구 전체에 대하여 사망원인 1~5위 안에 포함되는 주요 사망원인이지만 1~9세에 대하여 1~5위 안에 포함되는 주요 사망원인에는 해당하지 않는다.
② 인구 전체에서 자살은 주요 사망원인에 포함되어 있지 않지만, 10~19세의 연령대에서는 3위에 포함되어 있다.
③ 0세 영아 가운데 선천성 기형으로 사망하는 비율은 인구 10만 명당 115.4명으로 100명을 넘는다.
④ 추락사고는 1~9세에만 5위에 포함되어 주요 사망원인이 될 뿐 나머지 연령대에서는 주요 사망원인에 포함되지 않는다.
⑤ 간질환은 인구 전체에서만 주요 사망원인인 5위가 된다.

**02 ▶ ②**

$1350 : 45 = x : 100$

$45x = 135000$

$\therefore x = 3000$

따라서 설문에 응한 고객은 3,000명이다.

**03 ▶ ⑤**

15세 이상 인구 중 신문을 보는 사람은 63.8%이고, 이 중에서 거의 매일 보는 사람은 60.1%이므로 $0.638 \times 0.601$ ≒ 0.383이므로 38.3%가 신문을 거의 매일 본다.

**04 ▶ ①**

① 노사분규 발생건수가 전년에 비해 감소한 해인 2022년과 2024년을 보면 생산차질액은 증가하였다.
② 임금인상을 원인으로 한 노사분규가 가장 많이 일어났던 해는 58건으로 나타난 2022년이고 노동손실일수가 가장 적었던 해도 1,083천 일을 나타낸 2022년이다.
③ 분규 건당 참가자 수는 2019년이 $\frac{146,000}{129}$ ≒ 1,132(명)으로 가장 크고, 노사분규의 발생건수가 가장 적었던 해도 2019년이다.
④ 2019~2025년까지 노사분규 원인을 살펴보면 2020년을 제외하고는 단체협약이 가장 많다.
⑤ 임금인상을 원인으로 한 노사분규는 2022년까지 늘어나다가 그 이후로 계속 줄고 있다.

**05 ▶ ⑤**

⑤ 1,172,000 + 648,000 = 1,820,000(명)으로 200만 명을 넘지 않는다.
① 14세 이하를 제외하고는 60세 이상이 1,175천 명으로 가장 많다.

② 경제활동 참가율이 50% 이하인 연령대는 7.2%인 15~19세와 36.5%인 60세 이상이다.
③ 고용률이 높을수록 경제활동 참가율도 높다.
④ 15~29세에서 경제활동 인구수는 39,000 + 913,000 = 952,000(명), 비경제활동 인구수는 495,000 + 513,000 = 1,008,000(명)이다. 따라서 비경제활동 인구수는 경제활동 인구수보다 많다.

**06 ▶ ②**

㉠ 사업장 규모 2~4명의 사업체 수가 139,937개로 가장 많다.
㉣ 전체 종사자 수가 가장 많은 사업체는 659,137명인 300명 이상 규모의 사업장이다.
㉡ 총 인건비가 두 번째로 많은 사업체는 사업장 규모가 20~49명인 사업체들이다.
㉢ 300명 이상 규모의 사업장이 남녀 직원 비율 차이가 가장 크다.

**07 ▶ ③**

① 당일여행 참가자 수는 2023년 28,649명에서 2024년 30,012명으로 증가하였다.
② 숙박여행 참가자 수는 꾸준히 증가하는 추세이다.
④ 당일여행 참가자 수는 꾸준히 증가하는 추세이다.
⑤ 2025년 숙박여행과 당일여행 참가자 수의 차이는 32,213 − 30,651 = 1,562(천 명)으로 150만 명을 넘는다.

**08 ▶ ②**

② 냉장고 수출이 증가했던 해는 2021년, 2022년, 2023년이다. 2022년에는 세탁기 수출이 감소하였고, 2023년에는 TV 수출이 감소하였으므로 옳지 않다.
① 냉장고 수출이 가장 큰 폭으로 감소한 2024년에 TV와 세탁기도 전년 대비 − 2.3%, − 5.7% 감소하였다.
③ 세탁기 수출이 증가한 2023년 TV 수출은 감소하였다.
④, ⑤ TV 수출이 가장 큰 폭으로 증가한 해는 2021년이고, 이때 냉장고와 세탁기 수출 모두 전년 대비 10.9%, 9.6% 증가하였다.

**09 ▶ ②**

보험은 주식의 $\frac{27}{9} = 3$(배)이고, 채권의 $\frac{27}{11}$ ≒ 2.5(배)이다.

**10 ▶ ③**

③ 총합 대비 냉장고 대수의 비율이 가장 낮은 국가는 프랑스로 $\frac{8,090}{23,822} \times 100$ ≒ 34.0(%)이다.
① 독일과 프랑스의 총합 대비 냉장고 대수의 비율은 40%

이상인 말레이시아나 인도보다 낮다.
② 말레이시아와 독일의 냉장고 대수의 비와 세탁기 대수의 비는 약 2:3이다.
④ 총합 대비 냉장고 대수의 비율이 프랑스가 가장 낮기 때문에 세탁기 수의 비는 가장 높다.
⑤ 독일과 말레이시아의 냉장고 대수를 합한 값은 7,809 + 8,109 = 15,918(대)로 인도의 냉장고 대수보다 많다.

**11 ▸ ④**

ⓒ 판매 비율만 나와 있으므로 판매 수량이 증가하는지는 알 수 없다.
ⓐ 수험서의 판매 비율은 18%, 25%, 29%, 37%로 매년 증가하고 있다.
ⓑ 2022년 잡지의 판매 비율은 12%로 수필책 판매 비율인 22%보다 낮다.

**12 ▸ ③**

(가) : 4,523 − 1,188 = 3,335(명)
(나) : 4,935 − 3,972 = 963(명)
따라서 (가)와 (나)의 차이는 3,335 − 963 = 2,372이다.

**13 ▸ ⑤**

ⓒ 응답자 중 각 그룹별 스마트폰 이용률이 상대적으로 가장 낮은 그룹은 87.8%인 C그룹이다.
ⓓ 스마트폰의 앱을 이용하는 A그룹 중 게임과 웹서핑을 주로 사용한다고 응답한 사람의 합은 31.5 + 14.4 = 45.9(%)로 절반에 미치지 못한다.
ⓐ 스마트폰 이용률은 $\dfrac{\text{이용자}}{\text{그룹 전체}} \times 100$이다. 따라서 이용률이 같다고 해서 이용자가 같은지는 알 수 없다.
ⓑ 웹서핑은 전화나 기타보다 항상 높다.

**14 ▸ ②**

① 2년 이상이 1~2년보다 적다.
③ 교재비는 총 비용을 기간으로 나누었기 때문에 정확하게 알 수는 없다.
④ 생활비가 증가하면 사교육비도 증가한다.
⑤ 6개월~1년의 비율이 53.8%로 가장 높다.

**15 ▸ ②**

② 외벌이 가구가 맞벌이 가구보다 높은 지출 항목은 B, G, 기타이다.
① 외벌이 가구가 맞벌이 가구보다 지출 B의 비율이 20.2%로 더 높다.
③ 맞벌이 가구가 외벌이 가구보다 지출 F의 비율이 23.7%

로 더 높다.
④ 한 달 동안 200만 원을 지출한다고 했을 때, 지출 D가 맞벌이 200 × 0.085 = 17(만 원), 외벌이 200 × 0.071 = 14.2(만 원)으로 20만 원보다 적다.
⑤ 비율적인 부분에서 전체의 비율이 외벌이 쪽에 더욱 가깝다는 것을 알 수 있다.

**16 ▸ ③**

ⓑ 두 번째로 많은 달은 11월이다.
ⓒ 남학생의 경우 11월에 감소하였다.
ⓐ 9월과 12월을 비교했을 때 남학생은 1,956 − 1,650 = 306(명), 여학생은 2,110 − 1,331 = 779(명)으로 여학생의 증가폭이 더 크다.
ⓓ 전체 학생의 이용률은 꾸준히 증가하고 있다.

**17 ▸ ②**

① 주어진 자료로는 알 수 없다.
③ 매출액이 두 번째로 높은 상품은 노트북이다.
④ 다른 기간에 비해 TV 매출액이 가장 높았던 해는 2021년이다.
⑤ 2022년과 2025년에는 매출액이 증가하였다.

**18 ▸ ②**

전체 남성 위염 환자 중 70세 이상 환자가 차지하는 비율은 $\dfrac{295}{1,289} \times 100 ≒ 22.9(\%)$이다.

**19 ▸ ④**

① 변동지수를 봤을 때, 일본과 한국 회사들이 유럽과 미국계 회사들에 비해 상대적으로 높다는 것을 알 수 있다.
② 감소율이 가장 큰 회사는 G이다.
③ A, B, E, G를 제외한 나머지 기업들은 전년 대비 판매율이 증가하였다.
⑤ 회사 G, I의 판매 대수의 합은 630,912 + 413,977 = 1,044,889(대)로 판매 대수가 1,001,763대인 D회사보다 크다.

**20 ▸ ⑤**

① 5%p 이상 감소한 기업은 6.6%p, 8.1%p, 6.7%p, 13.1%p 감소한 A, D, E, G이다.
② 성장률이 가장 높은 기업은 2022년은 G, 2023년은 E이다.
③ 2019년 B기업의 성장률은 증가하였다.
④ 2018년과 2025년 성장률의 차이는 E가 9.9 − 3.8 = 6.1(%p), F가 9.0 − 3.3 = 5.7(%p)로 E가 더 크다.

# 제3회 모의고사

## 언어표현

**01 ▶ ⑤**

요소 : 사물의 성립이나 효력 발생에 꼭 필요한 성분, 근본 조건(≒성분)

**02 ▶ ①**

점잖다 : 언행이나 태도가 의젓하고 신중하다. 또는 품격이 꽤 높고 고상하다.
고상하다 : 품위나 몸가짐의 수준이 높고 훌륭하다.

**03 ▶ ②**

염려 : 앞일에 대하여 여러 가지로 마음을 써 걱정함(≒걱정)

**04 ▶ ①**

미쁘다 : 믿음성이 있다(≒미덥다).
미욱하다 : 하는 짓이나 됨됨이가 매우 어리석고 미련하다.

**05 ▶ ⑤**

사치 : 필요 이상의 돈이나 물건을 쓰거나 분수에 넘치는 생활을 함
검소 : 사치하지 않고 꾸밈없이 수수함

**06 ▶ ①**

막바지 : 어떤 일이나 현상의 마지막 단계
초입 : 어떤 일이나 시기가 시작되는 첫머리

**07 ▶ ④**

기억 : 이전의 인상이나 경험을 의식 속에 간직하거나 도로 생각해 냄
망각 : 어떤 사실을 잊어버림

**08 ▶ ②**

상충 : 사물이 서로 어울리지 아니하고 마주침
조화 : 서로 잘 어울림

**09 ▶ ⑤**

①, ②, ③, ④는 모두 반의어 관계이다.
⑤는 유의어 관계이다.

**10 ▶ ⑤**

⑤는 반의어 관계이다.
① 가멸차다 : 재산이 많고 풍족하다.

**11 ▶ ①**

① 하늬바람 : 서쪽에서 부는 바람

**12 ▸ ①**

① 하릴없다 : 달리 어떻게 할 도리가 없다. 또는 조금도 틀림이 없다.

**13 ▸ ②**

'물꼬'는 논에 물이 넘어오거나 나가게 하기 위해 만든 좁은 통로이다. '물꼬를 트다'는 어떤 일의 시작을 일컫는 의미로 쓰인다.

**14 ▸ ③**

제시된 문장의 '붙다'는 '어떤 일에 나서다, 어떤 일에 매달리다'의 의미다. 이와 같은 의미로 사용된 것은 ③이다.
① 시험에 합격하다.
② 맞닿아 떨어지지 아니하다.
④ 불이 옮아 타기 시작하다.
⑤ 시설이 딸려 있다.

**15 ▸ ⑤**

제시된 문장의 '맵다'는 '성미가 사납고 독하다'의 의미다. 이와 같은 의미로 사용된 것은 ⑤이다.
①, ③ 고추나 겨자와 같이 맛이 알알하다.
② 날씨가 몹시 춥다.
④ 결기가 있고 야무지다.

**16 ▸ ⑤**

① 한 쌈은 24개, ② 한 축은 20개, ③ 한 두름은 20개, ④ 한 판은 30개, ⑤ 한 접은 100개를 이른다. 개수가 가장 많은 것은 ⑤이다.

**17 ▸ ⑤**

아귀 맞추다 : 일정한 기준에 들어 맞게 하다.
아귀 맞다 : 앞뒤가 빈틈없이 들어 맞다.

**18 ▸ ②**

첫 번째 문장은 '손님'의 의미, 두 번째 문장은 '사람의 힘'을 의미한다. 세 번째 문장의 '손에 익다'는 '일이 손에 익숙해지다'의 의미이다.

**19 ▸ ⑤**

경칩은 24절기의 하나로, 양력 3월 5일경이다. 개구리가 깨어 꿈틀거리기 시작한다는 시기로 봄에 해당한다.
가을에 해당하는 24절기를 찾으면, ⑤ 처서이다. 처서는 더위가 가고 일교차가 커지기 시작하는 절기로 양력 8월 23일경이다.
① 입하, ③ 하지는 여름에, ② 우수는 봄에, ④ 동지는 겨울에 해당하는 절기이다.

**20 ▸ ③**

원료 관계이다. 누에고치로 비단을 만들고, 목화솜으로 면을 만든다.

**21 ▸ ④**

제시된 관계는 유의어 관계이다. ④ 사과는 과일에 포함되는 포함관계이므로 다르다.

**22 ▸ ②**

② 짜장면과 탕수육은 모두 요리의 하나로 같은 위치에 있는 동위관계이다. 나머지는 모두 포함관계이다.

**23 ▸ ④**

주먹도끼와 고인돌은 모두 고대 유물에 해당한다. 유물은 박물관에 전시된다.

**24 ▸ ①**

시계 바늘, 벽시계, 시계의 숫자(시간)을 연상할 수 있으므로 답은 ①이다.

**25 ▸ ③**

데시벨은 소리의 세기를 나타내는 단위이다. 악기는 음악을 연주하는 데 쓰는 기구로 소리를 내며, 말을 함으로써 소리를 낸다.

**26 ▸ ②**

각각 대한민국, 이탈리아, 영국, 일본의 수도이다.

**27 ▸ ①**

① 등고자비 : 높은 곳에 오르려면 낮은 곳부터 올라야 한다는 뜻
② 오비이락 : 아무 관계도 없이 한 일이 억울하게 의심을 받게 되는 상황
③ 동가홍상 : 같은 값이면 다홍치마
④ 고장난명 : 혼자의 힘으로 일을 이루기 어려움
⑤ 난형난제 : 두 사물이 비슷해 낫고 못함을 정하기 어려움

**28 ▶ ②**

마파람에 게 눈 추듯 : 음식을 어느 결에 먹었는지 모를 만큼 빨리 먹어 버림

번갯불에 콩 볶아 먹겠다 : 행동이 매우 민첩함

**29 ▶ ②**

짜집기 → 짜깁기

**30 ▶ ④**

① 치뤘으니 → 치렀으니
② 왠일로 → 웬일로
③ 개여 → 개어
⑤ 설레인다 → 설렌다

### 언어이해

**01 ▶ ②**

제시문은 실업률과 범죄 발생률이 밀접한 관련이 있다고 말하고 있다. 실업률이 높다는 것은 경제적 위기에 처한 사람이 많다는 것이므로, 이 글의 중심 내용은 ② '경제위기와 범죄의 상관관계'라고 할 수 있다.
③과 ④는 제시문의 지엽적인 내용만을 포함하므로 중심 내용으로 적절하지 않다.

**02 ▶ ④**

급조된 값싼 예술 작품인 '키치'가 등장하게 된 배경과 개념을 소개하고 있다.

**03 ▶ ①**

제시문은 염화칼슘 사용의 단점을 먼저 제시한 후 장점을 이야기하고 있다. 따라서 답은 ①이다.

**04 ▶ ③**

제시문에서는 영화가 현실을 재현하기 위해 끊임없이 노력하고 있으며, 바로 그 현실감이 영화의 특성이라 말하고 있다.

**05 ▶ ①**

농축유란 무엇인가에 대해 설명하고 있는 글이다.

**06 ▶ ③**

채식에 익숙해지는 방법에 관한 글이다. 채식을 시작할 때 먼저 1주일에 한 끼 정도 채식을 해보고 이것이 익숙해지면 5일, 3일, 2일로 간격을 줄여나가는 것이 좋다고 하였다. 하루 한 끼의 채식을 3개월 이상 지속할 수 있다면 체질이 어느 정도 변화한 것으로 보아 채식의 처음 단계는 성공한 것으로 본다고 하였다.

**07 ▶ ①**

제시문에서는 펑크 록과 헤비메탈을 좋아하는 사람들이 기성세대 및 권위에 반항하는 특성을 지니는 것처럼, 어떤 음악을 선호하는 것과 개인의 사회에 대한 태도 및 생각 사이에는 깊은 관련이 있음을 역설하고 있다.

**08 ▶ ④**

떡국에 들어가는 고명에 대해서는 제시되어 있지 않다.

**09 ▸ ③**

③ 엘니뇨나 라니냐와 같은 자연현상의 영향으로도 기후 양
극화가 발생할 수 있다고 하였다. 엘니뇨나 라니냐가 기후
양극화의 한 현상은 아니다.

**10 ▸ ①**

제시된 실학의 세 가지 특성으로 보아 서두에 올 주제문으
로는 ①이 가장 알맞다.

**11 ▸ ⑤**

필요를 알 수 없을 만큼 많은 정보가 쏟아진다고 말하고 있
다. 따라서 빈칸에는 수량보다 많이 남는다는 의미의 '과잉'
이 들어가는 것이 가장 적절하다.

**12 ▸ ①**

외면적 흉내에 그친다고 했으므로, 본질적인 현상을 추구하
지 않고 겉으로 보이는 현상에만 관계한다는 의미의 '피상
적'이 적절하다.

**13 ▸ ③**

ⓒ은 전자상거래의 영향에 대하여 이야기를 시작하고 있다.
㉠은 '우선'이라는 단어와 함께 수요자의 측면에서 이야기를
했고, ㉣에서 공급 측면에서 이야기를 했다. ㉡은 ㉣을 자세
히 설명하고 있다.

**14 ▸ ④**

ⓒ 최근 급변하는 사회의 특징을 말하고, ㉠ 그에 반하는 주
장을 한 뒤, ㉣ 그 이유를 제시, ㉡ 다시 한 번 자신의 주장
을 강조하고 있다.

**15 ▸ ③**

전체 내용 ㉣을 제시한 후 그 반론 ㉡과 실험 결과 ㉠과 해
당 결과가 나온 이유와 변수에 대해 설명한 ⓒ, ㉤의 순서로
이어지는 것이 자연스럽다.

**16 ▸ ②**

거북이는 겨울이 되면 적절한 장소를 찾아 잠에 빠지고, 겨울
잠을 자는 동안 낮은 대사 활동을 유지하다가 봄이 되면 잠에
서 깬다. 이를 순서대로 나타내면 ㉡ - ㉠ - ㉣ - ⓒ이다.

**17 ▸ ①**

제시문의 내용은 전통적인 가족 형태를 말하고 있다. 빈칸
앞뒤의 내용이 이러한 형태를 하나씩 설명하는 내용이므로
순접관계로 보는 것이 옳다. 따라서 빈칸에는 '그리고'가 가
장 적절하다.

**18 ▸ ④**

광고의 중요한 역할에 대하여 이야기하다가 빈칸 뒤에 광고
의 역효과에 대한 이야기로 화제가 바뀌었으므로 '그러나'가
적절하다.

**19 ▸ ①**

X-선 사진을 통해 폐질환 진단법을 배우는 의과대학 학생
이 어떻게 X-선 사진을 판독하는 능력을 키우는지에 대해
서 설명하고 있는 글이다. 학생은 처음에는 그 내용을 파악
하지 못하다가 이론을 배우고 실습을 하면서 사진을 명확하
게 해석할 수 있게 된다고 하였다. 마지막 문장인 '이론과
실습을 통해 새로운 세계를 볼 수 있게 된 것이다'라는 말이
핵심이다. 이와 부합하는 주장은 ①이다.

**20 ▸ ⑤**

글쓴이는 교육의 기회가 돈의 힘이 아닌 사람의 능력에 따
라 균등하게 주어져야 한다고 주장하고 있다.

**창의수리**

**01** ▸ ⑤

**02** ▸ ②

**03** ▸ ①

**04** ▸ ①

**05** ▸ ⑤

**06** ▸ ④

**07** ▸ ②

**08** ▸ ④

**09** ▸ ⑤
① 20  ② 19  ③ 11  ④ 18  ⑤ 21

**10** ▸ ④
① 31  ② 38  ③ 30  ④ 27  ⑤ 31

**11** ▸ ③
A = 62, B = 620이므로 A = B

**12** ▸ ①
A = 21, B = 19.30이므로 A > B

**13** ▸ ①
79 + 16 = 95이므로, □에 들어갈 수는 90이다.
234 ÷ 39 = 6이므로, △에 들어갈 수는 6이다.

**14** ▸ ④
8 × 4 + 10 × 3 = 62

**15** ▸ ④
$\frac{3}{25}$ = 0.12이므로 1할 2푼이다.

**16** ▸ ①
1m = 100cm이므로, 250m = 25,000cm

**17** ▸ ④
2시간 35분 = 7,200초 + 2,100초 = 9,300초

**18** ▸ ②
1m² = 0.000001km²이므로, 965m² = 0.000965km²

**19** ▸ ⑤
홀수항은 + 1, 짝수항은 + 5의 규칙이다.
(  )은 홀수항에 위치하고, 홀수항은 6, 7, 8, 9, 10, (  )이
다. 따라서 빈칸에는 11이 들어간다.

**20** ▸ ③
－ 1, ＋ 100이 반복되는 규칙이다. 27 + 10 = (37)이다.

**21** ▸ ②
× 2, － 100이 반복되는 규칙이다. 26 × 2 = (52)이다.

**22** ▸ ③
＋ 5, ＋ 100이 반복되는 규칙이다. 60 + 5 = (65)이다.

**23** ▸ ⑤
4를 시작으로 오른쪽과 아래 방향으로 진행되는 수열을 정
리하면, 4, 6, 10, 16, 24, 34, 46, ?의 수열이다.
＋ 2, ＋ 4, ＋ 6, ＋ 8, ＋ 10, ＋ 12…의 규칙이다. 따라서 ?
에는 46 + 14 = 60이 들어간다.

**24 ▸ ⑤**

3, 4, 6, 9, 13, 18, 24의 수열이다.
＋1, ＋2, ＋3, ＋4, ＋5…의 규칙이므로, ?에는 24 ＋ 7 ＝ 31이 들어간다.

**25 ▸ ⑤**

2,000원을 10% 할인했으므로, 90% 가격에 팔기로 한 것이다. 따라서 2,000 × 0.9 ＝ 1,800(원)이 할인한 판매가이다. 물건을 35개 판매하였으므로, 총 판매금액은 1,800 × 35 ＝ 63,000(원)이다.

**26 ▸ ②**

전년도에 비해 남자 사원 수는 55명, 여자 사원 수는 24명 줄었으므로 '전년도 사원 수 ＋ 55(명) － 24(명) ＝ 520(명)'
따라서 전년도 사원 수는 520 － 55 ＋ 24 ＝ 489(명)이다.

**27 ▸ ①**

120원짜리 엽서를 $a$장, 200원짜리 엽서를 $b$장 샀다고 하면
$a + b = 22$(장)
$a × 120 + b × 200 = 3,600$(원)
연립하여 풀면, $a = 10$(장), $b = 12$(장)

**28 ▸ ①**

처음 직사각형의 가로 길이를 $a$cm, 세로 길이를 $b$cm라 하자.
$2(a + b) = 40$(cm)
$2\{(2 × a) + (b － 5)\} = 48$(cm)
의 식이 성립한다. 이를 풀면,
$2a + 2b = 40$
$4a + 2b = 58$
$a = 9$, $b = 11$이므로, 처음 직사각형의 가로 길이는 9cm이다.

**29 ▸ ③**

사탕을 37 ＋ 48 ＝ 85(개)를 샀고, 정원이를 포함해 5명이 똑같이 나누었으므로, 85 ÷ 5 ＝ 17(개)씩 나누어 가졌다.

**30 ▸ ⑤**

1시간(＝60분)에 180페이지를 읽으므로, 1분에 3페이지를 읽는다.
3시간 동안 40분씩 책을 읽고 5분 휴식을 취한다면,
40분 ＋ 5분 ＋ 40분 ＋ 5분 ＋ 40분 ＋ 5분 ＋ 40분 ＋ 5분 ＝ 180분이 되어 총 160분 동안 책을 읽는 것이 된다.
따라서 160 × 3 ＝ 480(페이지)의 책을 읽는다.

**자료해석**

**01 ▸ ④**

매장별 가격을 구하면 다음과 같다.
A매장 : 420,000 － 420,000 × 0.05 ＋ 5,000 ＝ 404,000(원)
B매장 : 430,000 － 430,000 × 0.04 － 6,000 ＝ 406,800(원)
C매장 : 435,000 － 435,000 × 0.03 － 15,000 － 5,000 ＝ 401,950(원)
따라서 수원이가 휴대폰을 가장 저렴하게 살 수 있는 매장을 순서는 C － A － B이다.

**02 ▸ ③**

한 달 동안 총 25번의 식사를 하므로 구매할 경우 10,000 ＋ (5,000 × 0.9 × 25) ＝ 122,500(원)이고, 구매하지 않을 경우 5,000 × 25 ＝ 125,000(원)이다. 따라서 회원권을 구매하는 것이 유리하고, 금액 차이는 125,000 － 122,500 ＝ 2,500(원)이다.

**03 ▸ ③**

③ 2022년에는 전년 대비 감소했다가 2023년부터 증가추세를 보이고 있다.
① 전년 대비 여자 교원 수의 변화량이 가장 큰 해는 970 － 919 ＝ 51(명) 줄어든 2022년이다.
② 2023년 남녀 교원 수 모두 전년 대비 증가하였다.
④ 2024년 여자 교원 수는 국립이 580명으로 사립보다 많다.

**04 ▸ ⑤**

경기도의 의료 급여 적용 인구는 매년 일정하게 증가하고 있으므로 168,235 － 167,585 ＝ 650(명)이다. 따라서 (가)는 168,885 ＋ 650 ＝ 169,535(명)이다.
부산의 2024년 의료 급여 적용 인구는 각 시도별 적용 인구의 합계에서 50%를 차지하므로 (나)는 732,556 × 0.5 ＝ 366,278(명)이다.

**05 ▸ ②**

② 육군의 비중은 $\frac{52.7}{62.9} × 100 ≒ 83.8$(%)로 2018년에 가장 높다.
③ 전체 병력의 수가 가장 많았던 2022년에 해병의 병력 수도 4.4만 명으로 가장 많았다.
⑤ 해군 병력이 해병 병력의 2배 이하인 해는 2020년, 2021년, 2022년이다.

**06 ▸ ②**

② 경제활동참가율은 꾸준히 조금씩 상승하는 반면, 남성의 경우 2023년 전년 대비 하락했고, 여성의 경우 2025년 전년 대비 하락했다.

③ 남성의 경제활동참가율이 가장 높았을 때와 낮았을 때의 차이는 71.9 − 68.2 = 3.7(%p)이다.

④ 7년간 청소년 경제활동참가율의 평균은

$$\frac{10.4+10.6+9.9+9.6+10.4+10.9+11.1}{7} ≒ 10.4(\%)$$

이다.

⑤ 경제활동참가율이 가장 높았던 시기는 남성이 2025년, 여성이 2024년이다.


**07 ▸ ②**

단품 구매 시 4,600 + 1,300 + 1,500 + 2,800 = 10,200 (원)이고, 세트 구매 시 6,000 + 2,800 = 8,800(원)이다. 따라서 세트로 시키는 것이 단품으로 시키는 것보다 10,200 − 8,800 = 1,400(원) 더 저렴하다.


**08 ▸ ④**

대기업은 감소, 공기업은 증가, 공무원은 감소, 연구원은 감소, 기타는 증가하는 추이를 보이고 있다. 따라서 다른 증감 추이를 보이는 것은 ④이다.


**09 ▸ ⑤**

⑤ 개인별 지급액이 제시되어 있지 않으므로 군인연금의 총 지급액이 많다고 해서 공무원보다 군인이 더 많다고 단정 짓기는 어렵다.

③ 2024년 대비 2025년 군인연금 지급액은 2,028,482 − 928,485 = 1,099,997(만 원) 증가하였다.


**10 ▸ ②**

① 아버지 외벌이 가정이 맞벌이 가정에 비해 취미, 교양 사교육비의 지출이 더 많다.

③ 아버지 외벌이 가정이 맞벌이 가정보다 지출이 많다.

④ 주어진 자료로 소득수준을 알 수 없다.

⑤ 맞벌이나 외벌이 가정의 예체능 사교육 지출이 더 많다.


**11 ▸ ②**

$$\frac{6,651-8,134}{8,134} \times 100 ≒ -18.2(\%)$$


**12 ▸ ④**

④ 70대 이상이 754 − 582 = 172(명) 차이로 가장 큰 폭의 변화를 보이고 있다.

① 70대 이상의 저축률은 2023년에 증가하였다.

② 30대 이하가 2023년에 감소할 때, 40대는 오히려 증가하였다.

③ 30대 이하와 50대는 동일한 증감 추이를 보이고 있다.

⑤ 2024년 70대 이상의 저축 중인 인원은 전년 대비 768 − 562 = 206(명) 증가하였다.


**13 ▸ ④**

선호도를 고려하여 나타내면 다음과 같다.

| 구분 | 태국 | 홍콩 | 필리핀 | 일본 |
| --- | --- | --- | --- | --- |
| 가격 | 35 | 40 | 45 | 40 |
| 코스 | 28 | 28 | 32 | 24 |
| 음식 | 15 | 18 | 12 | 27 |
| 교통 | 24 | 32 | 28 | 28 |
| 숙박 | 24 | 15 | 18 | 24 |

④ 일본이 교통과 숙박에 대한 평가점수가 52점으로 가장 높다.

① 태국이 코스와 숙박에 대한 평가점수가 52점으로 가장 높다.

② 홍콩과 필리핀이 코스와 교통에 대한 평가점수가 60점으로 가장 높다.

③ 일본이 음식과 숙박에 대한 평가점수가 51점으로 가장 높다.

⑤ 일본이 음식과 교통에 대한 평가점수가 55점으로 가장 높다.


**14 ▸ ①**

① 북한의 축산업 종사자는 500 × 0.16 = 80(명), 한국의 축산업 종사자는 500 × 0.26 = 130(명)으로 차이는 50명이다.

② 전체 조사 인원이 언급되지 않아 알 수 없다.

③ 북한의 어업과 축산업 비율의 차는 34 − 16 = 18(%p)이고, 한국의 농업과 축산업 비율의 차는 35 − 26 = 9(%p)로 2배 차이가 난다.

④ 한국의 어업과 축산업 종사자의 비는 14:13이다.

⑤ 북한의 축산업과 농업 비율의 합은 59%p, 한국의 농업과 어업 비율의 합은 63%p이다.


**15 ▸ ⑤**

⑤ 종합지수로 볼 때, 중국과는 정보통신 산업의 선호도 차이가 가장 크다.

① 철강 산업에서 일본과는 15, 중국과는 22의 격차를 보이고 있다.

② 절댓값이 아닌 한국과의 비교 지수이기 때문에 특정 국가의 산업별 선호도는 알 수 없다.
③ 정보통신 산업은 부품 관련 선호도가 가장 높다.
④ 한국의 산업별 기술 선호도 지수를 100으로 보았을 때의 자료이므로 일본, 한국, 중국 순이다.

**16 ▸ ①**

ㄴ. 독일, 오스트리아, 뉴질랜드 3개 국가이다.
ㄷ. 2025년 인구 대비 의사의 수가 가장 많은 나라는 독일이다. 하지만 2023년에는 독일보다 스페인의 의사 수가 더 많다.

**17 ▸ ⑤**

⑤ 한부모 자녀 선호와 기피 비율의 차이는 77.4 − 22.6 = 54.8(%p)이고, 시집살이 선호와 기피 비율의 차이는 76.1 − 23.9 = 52.2(%p)이다.
① 동거에 대한 선호 비율은 기피 비율보다 58.2 − 41.8 = 16.4(%p) 많다.
② 한부모 자녀에 대한 생각은 선호가 22.6%, 기피가 77.4%이다.
③ 시집살이는 76.1%, 처가살이는 61.7%로 기피하는 경향이 뚜렷하다.
④ 외국인 배우자를 선호하는 비율은 한부모 자녀를 선호하는 비율보다 80.4 − 22.6 = 57.8(%p) 더 많다.

**18 ▸ ③**

③ 남성 합격자는 여성 합격자의 $\frac{854}{556}$ ≒ 1.5(배)이므로 1.7배 이상은 아니다.
①, ④ 3개의 모집부서의 경쟁률은 경영부서는 약 1:2.2, 영업부서는 약 1:2, 개발부서는 약 1:2.5이다.

**19 ▸ ②**

독립생활이 불가능해서 동거한다는 비율이 53.2%이고, 같이 살고 싶어서 동고한다는 비율이 5.8%이다. 따라서 두 응답의 비율 차이는 47.4%p이다.

**20 ▸ ④**

④ 교내 생활 부적응을 이유로 자퇴하는 학생의 수는 2023년까지 증가하다가 그 이후로 감소한다.
① 진로 변경으로 인해 자퇴하는 학생의 수는 매년 가장 많으므로 가장 높은 비중을 차지한다.
⑤ 경제 사정 악화로 인해 자퇴하는 학생의 수는 매년 가장 낮으므로 가장 낮은 비율을 차지한다.

# SK하이닉스

온라인 필기시험

박문각

SK하이닉스

# 특별부록

SK하이닉스 신입사원 채용 안내
영역별 탐구하기
시험 전 알아둘 어휘

# SK하이닉스
# 신입사원 채용 안내

## 1. 직무소개

① Maintenance : 생산장비의 Set-up, 검교정 및 정비, 장비의 최적 가동 상태 유지 업무, Gas/Chemical 설비운영 및 유지 보수업무를 진행한다.

② Operator : 반도체장비 Operation을 통한 제조 또는 제조지원 업무, 반도체 제품의 특성 및 Data입력, 품질관련 시험 및 불량 요인 검사 업무, 지수 향상을 위한 생산실적 분석 및 개선하는 업무를 진행한다.

## 2. 지원기준

| 직군 | 내용 |
|---|---|
| Maintenance<br>(설비관리) | ○ 수행업무<br>  반도체 제조 관련 장비 유지 보수 및 Line 운영/대응<br>○ 지원자격<br>  • 최종학력 : 고등학교 졸업 또는 전문대 졸업자<br>  • 남성의 경우 병역을 필하거나 면제된 자에 한해 지원 가능<br>○ 우대사항<br>  • 반도체, 전자, 전기, 기계, 화공 관련 전공 우대<br>  • OS 및 기계/전기 관련 자격증 보유자 우대 |
| Operator<br>(생산관리) | ○ 수행업무<br>  • 반도체 장비 Operation을 통한 제조 또는 제조지원<br>  • 품질관련 시험 및 불량 요인 검사<br>  • 생산실적 분석 및 개선<br>○ 지원자격<br>  • 최종학력 : 고등학교 졸업 또는 전문대 졸업자<br>  • 남성의 경우 병역을 필하거나 면제된 자에 한해 지원 가능<br>○ 우대사항<br>  • 반도체, 전자, 전기, 기계, 화공 관련 전공 우대<br>  • OS 및 기계/전기 관련 자격증 보유자 우대 |

## 3. 채용절차

| 서류전형 | → | 인/적성검사 | → | 면접전형 | → | 건강검진 | → | 입사 |
|---|---|---|---|---|---|---|---|---|

① 서류전형은 성적, 출결 등의 내용을 위주로 전형한다.
② 적성검사는 언어표현/언어이해/창의수리/자료해석 등 총 100문항으로 구성되고, 소요 시간은 35분으로 제한된다.

## 4. SKCT 일정

수시채용을 하므로 SK하이닉스 채용 홈페이지(recruit.skhynix.com)나 SK Careers 홈페이지(http://www.skcareers.com)를 통해 상시로 확인해야 한다.

## 5. 적성검사 출제영역 및 유형

| 영역 | 문항 수 | 시간 | 출제유형 |
|---|---|---|---|
| 언어표현 | 30문항 | 3분 | 단어유추, 관계유추, 맞춤법, 어법 |
| 언어이해 | 20문항 | 7분 | 독해 |
| 창의수리 | 30문항 | 15분 | 단순계산, 수열, 응용수리 |
| 자료해석 | 20문항 | 10분 | 자료이해, 자료계산 |

## 6. 온라인 인/적성검사

① 2024년 상반기부터 적성검사 영역이 언어표현, 언어이해, 창의수리, 자료해석으로 변경되었다.
② 어렵지 않은 수준의 문제가 출제되지만 영역마다 제한된 시간 안에 문제를 풀어야 하므로 시간 분배가 중요하다.
③ 온라인으로 시험이 진행되어 별도의 필기도구를 사용할 수 없으므로 프로그램에서 제공하는 계산기, 메모장, 그림판을 이용하여 문제를 풀 수 있도록 연습해야 한다.
④ 시험 시작 전에 핸드폰 전원을 꺼야 하며, Alt+Tab을 누를 경우 경고를 받으니 주의해야 한다.

## 7. 인재상

| 첨단 기술을 실현할 수 있는 인재 | 지속적으로 소통하는 인재 | 도전하고 노력하는 인재 |
|---|---|---|

① VWBE : 자발적이고 의욕적인 두뇌활용하는 인재
② SUPEX : 인간의 능력으로 도달할 수 있는 최고 높은 수준까지 도전하는 인재
③ 패기 : 스스로 동기부여를 하고 성장을 위해 노력하는 인재
④ 협업능력 : 제품의 완성도를 위해 다양한 사람과 끊임없이 소통하고 경계를 넘어 협력하는 인재
⑤ 기술역량 : 글로벌 반도체 시장을 선도하는 SK하이닉스의 첨단 기술을 함께 실현할 수 있는 인재
⑥ 사고력·실행력 : 기술에 대한 집념으로 한발 앞서 시장을 읽고 움직이는 인재

## 8. New CoC(New Code of Conduct of SK hynix)

| 스스로 동기부여 되어 실천할 수 있는 일하는 방식 | SK하이닉스다움을 나타내는 우리만의 일하는 방식 | 모두와 함께 행복을 추구해 나갈 수 있는 일하는 방식 |
|---|---|---|

① Bar Raising : 최고를 향해 한 단계 높은 기준으로 행동한다.
② Data Driven : Data로 소통하고 Data로 해결한다.
③ One Team : 서로를 연결하고 하나로 협업한다.
④ Innovation : 더 쌓고, 더 작게 하고, 더 저장한다.
⑤ Customer Focus : 고객보다 먼저 준비하고 신속하게 움직인다.
⑥ Perfection : 어려울 때 더 잘하고 Detail에 강한 것이 실력이다.

# 영역별 탐구하기

## 1. 언어표현

### ① 어휘력

언어력의 가장 기본적인 유형이다. 가장 기본적인 어휘력을 묻는 문제로 단어의 의미를 묻는 문제 및 제시된 단어의 동의어(유의어) 및 반의어를 묻는 문제가 출제된다. 순우리말 단어를 묻는 문제도 출제될 수 있다.

### ② 단어의 쓰임

문장 내에서 단어가 어떤 의미로 사용되었는지를 묻는 문제이다. 단어의 사전적 의미뿐만 아니라 문맥적 의미를 파악해야 문제를 풀 수 있다.

### ③ 단어의 상관관계

비례식형(A : B = C : ?)에서 ?에 들어갈 알맞은 단어를 고르는 문제로, 동의관계, 반의관계, 포함관계, 원료관계, 용도관계, 행위관계 등 다양한 단어의 상관관계가 주어진다. 또한, 3~4개의 단어가 주어지고 이 단어들에서 연상할 수 있는 것을 고르는 문제도 출제된다.

### ④ 관용어 및 어법

사자성어, 속담과 같은 관용어 문제와, 맞춤법 문제, 어법(중의적 표현, 높임법 등) 문제가 출제된다.

---

**예제1** 다음에 제시된 단어와 반대의 의미를 지닌 단어는?

| 부분 |
| --- |

① 일치           ② 범위
③ 전체           ④ 부문
⑤ 일부

**정답** ③

**풀이** 부분: 전체를 몇으로 나눈 것 중의 하나

---

**예제2** 다음 밑줄 친 단어와 같은 의미로 사용된 것은?

> 힘든 일을 겪더라도 꿈을 잃지 말아라.

① 돌아가신 아버지가 꿈에 보였어.　② 이 학생의 꿈은 교사이다.
③ 꿈보다 해몽이 좋네.　④ 허황된 꿈에서 빨리 깨어나라.
⑤ 간밤에 무서운 꿈을 꾸었다.

**정답** ②

**풀이** 제시된 문장의 '꿈'은 실현하고 싶은 희망이나 이상을 의미한다. 이와 같은 의미로 사용된 것은 ②이다.

**예제3** 제시된 한 쌍의 단어와 관계가 같아지도록 빈칸에 들어갈 적절한 말을 고르면?

> 코코아 : 카카오 = 와인 : (　　)

① 커피　② 술
③ 효모　④ 포도
⑤ 위스키

**정답** ④

**풀이** 와인은 포도로 만들어진다.

**예제4** 다음 사자성어의 의미로 적절한 것은?

> 지록위마(指鹿爲馬)

① 윗사람을 농락하여 권세를 마음대로 함
② 자기 비위에 맞으면 좋아하고 아니면 싫어함
③ 겉으로는 복종하는 척하면서 내심으로는 배반함
④ 불행한 일이 잇따라 일어남
⑤ 이리저리 간신히 꾸며대어 맞춤

**정답** ①

## 2. 언어이해

① 일반독해

언어이해의 가장 기본이 되는 유형이다. 주어진 지문의 주제 또는 제목을 찾거나, 지문과 일치 또는 불일치하는 것을 고르는 유형이 대표적이다.

② 문장완성

지문의 빈칸에 들어갈 문장 또는 단어, 접속어를 찾는 유형이다. 지문의 전체적인 내용을 파악하는 것이 관건이다.

③ 문장배열

문장의 순서를 논리적으로 알맞게 배열하는 문제로, 문장을 빨리 읽어 내용을 신속하게 파악하고 문장 간 논리적인 관계를 파악해야 한다. 이 유형에서 중요한 것은 문장의 접속어 및 선행 구문을 파악하는 것이다. 이를 통해 문장 간 관계를 추론할 수 있다.

**예제 1** 다음 글의 주제로 가장 적절한 것은?

인간은 생각할 수 있는 정신적인 존재이며, 윤리적인 존재이다. 짐승은 필요한 만큼 먹고 마시며 과식을 하지 않으나, 인간은 과음·과식을 하여 소화불량에 걸릴 수 있다. 짐승은 본능에 따라 욕구를 쉽게 조절할 수 있으나, 인간은 그때그때 자기반성, 즉 정신적 활동을 통해서 자기를 제어해야 한다.

① 인간과 동물의 차이　　　　　　② 인간과 동물의 특성
③ 짐승의 욕구 조절 능력　　　　　④ 인간의 자기반성
⑤ 인간의 정신적 활동과 윤리적 활동

**정답** ①

**풀이** 제시문은 인간을 정신적 존재로, 동물을 본능적인 존재로 바라보며 인간과 동물의 차이를 이야기하고 있다.

**예제 2** 다음 문장들을 순서대로 가장 적절하게 배열한 것은?

㉠ 옷은 비언어적 의사소통의 수단으로서의 기능도 갖고 있기 때문이다.
㉡ 옷이 악천후로부터 사람들을 보호한다고 해서 단지 몸을 보호하는 기능만 갖고 있는 것은 아니다.
㉢ 이렇게 옷은 그 옷을 입은 사람에 대한 정보를 시각적으로 전달함으로써 훌륭한 의사소통의 기능을 해내는 것이다.
㉣ 예를 들면 군인들은 공식 석상에서 입게 되는 제복을 통해 자신의 지위와 권위를 드러내며, 인생의 새 출발을 앞둔 신부는 흰색의 웨딩드레스를 통해 자신의 사회적 위치가 달라졌음을 알린다.

① ㉠ - ㉡ - ㉣ - ㉢　　　　　　② ㉡ - ㉢ - ㉣ - ㉠
③ ㉡ - ㉠ - ㉣ - ㉢　　　　　　④ ㉠ - ㉡ - ㉢ - ㉣
⑤ ㉡ - ㉢ - ㉠ - ㉣

**정답** ③

**풀이** 옷이 일반적 기능을 넘어 다른 기능을 수행한다고 ㉡을 통해 제시하고 있다. ㉠은 그 기능으로 비언어적 의사소통의 수단으로서의 기능을 말하고 있다. ㉣은 제복과 웨딩드레스로 예를 들고, ㉢이 다시 그것을 정리하여 마무리하고 있다.

## 3. 창의수리

① 단순계산

빠르고 정확하게 계산하는 유형이다. 난도가 높은 유형이 아니므로 실제 시험 시 집중력을 가지고 문제를 최대한 빠르게 푸는 것이 중요하다. 또한 사칙연산을 풀어나가는 순서에 주의하면서 문제를 풀어야 한다. 단위 환산 문제도 출제되므로 단위에 대한 기본적인 지식도 필요하다.

② 수열

수열추리는 배열된 숫자 사이의 관계를 파악하여 빈칸에 알맞은 숫자를 추리하는 유형이다. 숫자들 간 규칙을 찾아야 하는데, 일정한 규칙으로 증가·감소하기도 하고 홀수항과 짝수항이 각자의 규칙을 가지고 배열되기도 한다. 처음 접하면 어렵게 느낄 수 있으므로 문제를 풀어보면서 여러 유형의 규칙을 익혀두는 것이 좋다.

③ 응용계산력

방정식 문제가 기본이다. 일차방정식을 활용한 형태를 기본으로 하며, 일, 농도, 속도, 원가 문제에 대해 방정식을 세워 푸는 문제가 출제된다.

---

⊕ **기본공식**

1. 일

- $\dfrac{전체일}{능력} = 시간$
- $\dfrac{전체일}{시간} = 능력$
- $능력 \times 시간 = 전체 일$

2. 속력·거리·시간

- $속력 = \dfrac{거리}{시간}$
- $거리 = 속력 \times 시간$
- $시간 = \dfrac{거리}{속력}$

3. 농도

$소금물의 농도 = \dfrac{소금의 양}{소금물의 양} \times 100$

$소금의 양 = 소금물의 양 \times \dfrac{소금물의 농도}{100}$

4. 점수와 평균

$평균 = \dfrac{총점}{총 개수(사람 수, 과목 수 등)}$

---

**예제1** 다음 식을 계산하고 정답을 고르면?

$$72 - 3 \times 17$$

① 21　　　　　② 24
③ 27　　　　　④ 32
⑤ 35

**정답** ①

**예제2** 다음 숫자들의 배열 규칙을 찾아 빈칸에 들어갈 알맞은 숫자를 고르면?

| 19 | 18 | 16 | 13 | 9 | ( ) |

① 8　　　　　② 7
③ 5　　　　　④ 4
⑤ 1

**정답** ④

**풀이** $-1, -2, -3, -4, \cdots$의 규칙이다. $9 - 5 = (4)$이므로, 답은 ④이다.

**예제3** 시속 5km의 속력으로 1시간 30분 동안 자전거를 타고 이동했다면, 몇 km를 이동했겠는가?

① 5.5km　　　　　② 6km
③ 7.5km　　　　　④ 8km
⑤ 9.5km

**정답** ③

**풀이** 거리 = 속력 × 시간이므로, 5km/h × 1.5h = 7.5(km)를 이동했다.

## 4. 자료해석

제시된 도표, 그래프, 통계자료 등을 보고 주어진 문제에 답하는 유형이다. 주어진 자료를 통해 변수들 간의 관련성을 파악할 수 있는지, 자료에 주어진 정보를 응용하며 관련된 다른 정보를 도출할 수 있는 능력을 갖추고 있는지 측정한다. 제시된 자료를 보고 자료의 의도나 핵심을 묻는 문제, 자료를 바르게 분석했는지 묻는 문제, 자료의 수치를 계산하는 문제 등이 출제된다.

---

**예제 1** 다음은 어느 제과회사의 사탕과 초콜릿 제품 분기별 판매량을 나타낸 그래프이다. 이에 대한 설명으로 옳지 않은 것은?

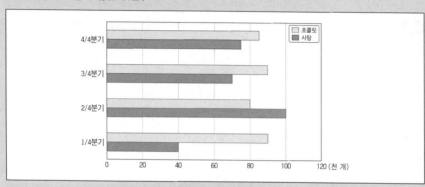

① 하반기에는 초콜릿의 판매량이 사탕의 판매량보다 많다.
② 2/4분기에 사탕과 초콜릿의 판매량의 합이 가장 크다.
③ 사탕 판매량의 표준편차가 초콜릿 판매량의 표준편차보다 크다.
④ 사탕과 초콜릿의 판매량의 차이가 가장 적은 분기는 3/4분기이다.
⑤ 2/4분기 초콜릿의 판매량은 1/4분기 사탕 판매량의 2배이다.

**정답** ④

**풀이** ④ 사탕과 초콜릿의 판매량의 차이가 가장 적은 분기는 4/4분기이다.
② 2/4분기 판매량의 합은 약 180,000개로 가장 크다.
③ 사탕 판매량의 분포가 초콜릿 판매량에 비해 고르지 못하므로 표준편차가 더 크다.
⑤ 2/4분기의 초콜릿 판매량은 80,000개로, 1/4분기의 사탕 판매량 40,000개의 2배이다.

**예제 2** 다음은 영화관별 연평균 매출액과 예매율을 나타낸 자료이다. 2025년 C사와 E사의 매출액을 비교할 때 전년 대비 매출 증가액이 더 높은 영화관은 어느 곳이며, 그 증가액은 얼마인가?

(단위 : 백만 원, %)

| 구분 | 연도 | 2022년 | 2023년 | 2024년 | 2025년 |
|---|---|---|---|---|---|
| A사 | 매출액 | 9,272 | 8,748 | 9,877 | 10,203 |
| | 예매율 | 23.1 | 21 | 22 | 22.2 |
| B사 | 매출액 | 7,786 | 8,011 | 8,812 | 8,991 |
| | 예매율 | 19.4 | 19.2 | 19.5 | 19.5 |
| C사 | 매출액 | 13,021 | 15,003 | 16,352 | 16,543 |
| | 예매율 | 32.6 | 36 | 36.4 | 36.2 |
| D사 | 매출액 | 5,790 | 5,643 | 5,393 | 5,399 |
| | 예매율 | 14.5 | 13.5 | 11.9 | 11.7 |
| E사 | 매출액 | 4,103 | 4,328 | 4,569 | 4,761 |
| | 예매율 | 10.4 | 10.3 | 10.2 | 10.4 |

① C사, 191,000,000원
② E사, 241,000,000원
③ C사, 186,000,000원
④ E사, 192,000,000원
⑤ C사, 179,000,000원

**정답** ④

**풀이** C사의 전년 대비 매출 증가액은 16,543 - 16,352 = 191(백만 원)이고, E사의 전년 대비 매출 증가액은 4,761 - 4,569 = 192(백만 원)이다.

# 시험 전 알아둘 어휘

## 1. 주요 동의어

- 가공(架空) : 사실이 아니고 상상으로 지어낸 일
- 허구(虛構) : 소설이나 희곡 따위에서 실제로는 없는 이야기를 상상력으로 창작해 냄

- 각오(覺悟) : 앞으로 해야 할 일이나 겪을 일에 대한 마음의 준비
- 결심(決心) : 결의(決意). 어떻게 하기로 마음을 굳게 정함

- 감염(感染) : 1. 병원체가 몸에 옮음 2. 남의 나쁜 버릇이나 다른 풍습 따위가 옮음
- 전염(傳染) : 1. 남에게 병독이 옮음 2. 다른 사람의 습관, 분위기 따위에 영향을 받아 물듦

- 개량(改良) : 나쁜 점을 보완하여 좋게 함
- 개선(改善) : 잘못된 점을 고치어 더 좋게 만듦

- 격려(激勵) : 남의 용기나 의욕을 북돋우며 힘을 내게 함
- 고무(鼓舞) : 북을 쳐서 춤을 추게 한다는 뜻으로 남을 격려하여 힘을 내게 함

- 고심(苦心) : 고려(苦慮). 몹시 애씀. 몹시 마음을 태움
- 고충(苦衷) : 괴로운 심정. 어려운 사정

- 공헌(貢獻) : 이바지함
- 기여(寄與) : 남에게 이바지함. 남에게 이익을 줌

- 과실(過失) : 과오(過誤). 실착(失錯). 잘못이나 허물
- 실패(失敗) : 일이 뜻한 바대로 되지 못하거나 그릇됨

- 기대(期待) : 어느 때를 기약하여 바람
- 촉망(囑望) : 잘되기를 바라고 기대함

- 기질(氣質) : 개인이나 집단 특유의 성질
- 성격(性格) : 품성(品性). 각 개인이 가지고 있는 특유의 성질

- 기초(基礎) : 근본(根本). 사물이 이루어지는 바탕
- 근저(根抵) : 사물의 밑바탕. 사물의 밑바탕이 되는 곳

- 기획(企劃) : 일을 꾸미어 꾀함
- 기도(企圖) : 일을 꾸며 내려고 꾀함

- 낙담(落膽) : 일이 뜻대로 되지 않거나 실패로 돌아가 갑자기 기운이 풀림
- 실망(失望) : 희망을 잃음. 일이 뜻대로 되지 않아 낙심함

┌ 대가(大家) : 거장(巨匠). 학문이나 기예 등 전문 분야에 조예가 깊은 사람
└ 거성(巨星) : 어떤 방면에 큰 업적을 남긴 '위대한 인물'을 비유하는 말

┌ 독점(獨占) : 독차지. 특정 자본이 생산과 시장을 지배하고 이익을 독차지함
└ 전유(專有) : 혼자 독차지하여 가짐

┌ 모반(謀反) : 나라나 임금을 배반하여 군사를 일으킴
└ 반역(反逆) : 배반하여 돌아섬

┌ 무시(無視) : 사물의 존재나 가치를 알아주지 아니함
└ 묵살(默殺) : 보고 듣고도 못 보고 못 들은 체하고 내버려두거나 문제 삼지 않음

┌ 미연(未然) : 아직 그렇게 되지 아니함
└ 사전(事前) : 일이 있기 전. 일이 시작하기 전

┌ 박정(薄情) : 따뜻한 사랑이나 인정이 없음
└ 냉담(冷淡) : 1. 태도나 마음이 쌀쌀함 2. 무관심함

┌ 사려(思慮) : 여러 가지 일에 대한 생각과 근심
└ 분별(分別) : 사물의 이치를 가려서 앎

┌ 사명(使命) : 1. 지워진 임무 2. 사신이 받은 명령
└ 임무(任務) : 맡은 일

┌ 선철(先哲) : 옛날의 현자
└ 선현(先賢) : 옛날의 현자

┌ 쇠진(衰盡) : 쇠하여 아주 없어짐
└ 쇠퇴(衰退) : 쇠하여 전보다 못하여 감

┌ 숙명(宿命) : 날 때부터 타고난 운명. 선천적 운명
└ 천명(天命) : 1. 타고난 수명 2. 하늘의 명령

┌ 압박(壓迫) : 1. 내리누름 2. 세력으로 누르고 구박함
└ 위압(威壓) : 위력으로 억누름

┌ 암시(暗示) : 넌지시 깨우쳐 줌
└ 시사(示唆) : 남모르게 넌지시 일러줌

┌ 업적(業績) : 일을 다 마치어 이루어 놓은 실적
└ 공적(功績) : 쌓은 공로. 수고한 실적

┌ 연혁(沿革) : 변천하여 온 내력
└ 변천(變遷) : 변이(變移). 전변(轉變). 변하여 옮겨짐. 옮겨서 달라짐

┌ 영양(營養) : 영양이 되는 물질
└ 자양(滋養) : 몸에 영양을 좋게 함

┌ 영원(永遠) : 어떤 상태가 끝없이 이어짐
└ 영구(永久) : 어떤 상태가 시간상 무한히 이어짐

┌ 운세(運勢) : 사람의 행동을 지배하는 큰 힘
└ 운명(運命) : 인간을 포함한 모든 것을 지배하는 초인간적인 힘

┌ 운송(運送) : 물건을 운반하여 보냄
└ 운수(運輸) : 운송이나 운반보다는 규모가 크게 여객이나 화물을 날라보내는 일

┌ 운영(運營) : 일을 경영하여 나감
└ 운용(運用) : 활용(活用). 부리어 씀

┌ 위엄(威嚴) : 의젓하고 엄숙함
└ 위신(威信) : 위엄과 신의

┌ 유치(幼稚) : 1. 나이가 어림 2. 수준이 낮거나 미숙함
└ 미숙(未熟) : 일에 익숙하지 아니하여 서투름

┌ 이의(異議) : 다른 의견이나 논의
└ 이론(異論) : 달리 논함

┌ 이전(移轉) : 처소나 주소 따위를 다른 데로 옮김
└ 전거(轉居) : 살던 곳을 떠나 다른 곳으로 옮김

┌ 일률(一律) : (사물의 상태나 무슨 일을 하는 방법이) 한결같음
└ 획일(劃一) : 1. 모두가 한결같음 2. (줄을 친 듯이) 가지런함

┌ 일족(一族) : 조상이 같은 겨레붙이. 또는 같은 조상의 친척
└ 일문(一門) : 한 가문이나 문중

┌ 일치(一致) : 서로 어긋나지 않고 꼭 맞음
└ 합치(合致) : 의견이나 경황 따위가 꼭 들어맞음. 일치함

┌ 자산(資産) : 토지·건물·금전 따위의 재산
└ 재산(財産) : 개인이나 단체가 소유한 유형·무형의 경제적 가치가 있는 것의 총체

┌ 재능(才能) : 재주와 능력
└ 기량(器量) : 기상과 도량

┌ 저가(低價) : 낮은 값. 헐한 값
└ 염가(□價) : 매우 싼 값

- 전심(專心) : 마음을 오로지 한 일에만 모아서 씀
- 몰두(沒頭) : 한 가지 일에만 온 정신을 기울임

- 정독(精讀) : 뜻을 새겨 가며 자세히 읽음
- 숙독(熟讀) : 1. 뜻을 잘 생각하며 하나하나 읽음 2. 글을 익숙하게 잘 읽음

- 정세(政勢) : 일이 되어가는 사정과 형세
- 상황(狀況) : 어떤 일의 그때의 모습이나 형편

- 중심(中心) : 사물의 한가운데
- 핵심(核心) : 사물의 중심이 되는 가장 요긴한 부분

- 진력(盡力) : 있는 힘을 다함
- 분주(奔走) : 몹시 바쁨

- 진퇴(進退) : 나아감과 물러섬
- 거취(去就) : (사람이) 어디로 나다니는 움직임

- 찬조(贊助) : 뜻을 같이 하여 도움
- 협찬(協贊) : 찬동하여 도움

- 참고(參考) : 1. 살펴서 생각함 2. 살펴서 도움이 될 만한 재료로 삼음
- 참조(參照) : 참고로 비교하고 대조하여 봄

- 최고(最高) : 가장 높음
- 지상(至上) : 가장 높은 위

- 추량(推量) : 미루어 생각하여 헤아림
- 추측(推測) : 미루어 헤아림

- 친우(親友) : 친한 벗
- 지기(知己) : 자기를 알아주는 벗

- 타계(他界) : 1. 다른 세계. 저승 2. (어른이나 귀인의) 죽음
- 영면(永眠) : (영원히 잠든다는 뜻으로) 죽음을 뜻하는 말

- 풍격(風格) : 풍채와 품격
- 기품(氣品) : 사람의 모습이나 태도 또는 예술작품 등에서 느껴지는 고상한 느낌

- 풍부(豊富) : 넉넉하고 많음
- 윤택(潤澤) : (살림살이가) 넉넉함

- 풍정(風情) : 정서나 회포를 자아내는 풍치나 경치
- 정취(情趣) : 깊은 정서를 자아내는 흥취

┌ 향리(鄕里) : 고향마을. 고향
└ 고향(故鄕) : 1. 태어나서 자란 곳 2. 조상 때부터 대대로 살아온 곳

┌ 향상(向上) : 기능이나 정도 따위가 위로 향하여 나아감. 높아짐. 좋아짐
└ 진보(進步) : 사물의 내용이나 정도가 차츰차츰 나아지거나 나아가는 일

┌ 허가(許可) : 행동이나 일을 하도록 허용함
└ 인가(認可) : 인정하여 허가함

┌ 효용(效用) : 효험(效驗). 어떤 물건의 쓸모. 용도
└ 효능(效能) : 효험을 나타내는 능력

┌ 휴식(休息) : (일을 하거나 길을 가다가) 잠깐 쉼
└ 휴게(休憩) : 어떤 일을 하다 잠깐 쉼

## 2. 주요 반의어

가결(可決) : 제출된 의안을 좋다고 인정하여 결정함
부결(否決) : 회의에서 의안을 승인하지 않기로 결정함

간섭(干涉) : 직접 관계가 없는 남의 일에 부당하게 참견함
방임(放任) : 간섭하지 아니하고 내버려둠

간선(幹線) : 본선(本線). (도로·철도·수로·전신 따위에서) 중심이 되는 선
지선(支線) : 본선이나 간선에서 갈라져 나간 선

감퇴(減退) : 체력이나 의욕 따위가 줄어 약해짐
증진(增進) : 점점 더하여 가거나 나아감

강고(强固) : 굳세고 단단함
박약(薄弱) : 1. 의지나 체력 따위가 굳세지 못하고 여림 2. 뚜렷하지 아니함

경박(輕薄) : 언행이 신중하지 못하고 가벼움
중후(重厚) : 1. 몸가짐이 정중하고 무게가 있음 2. 작품이나 분위기가 엄숙하고 무게가 있음

경상(經常) : 일정한 상태로 계속하여 변동이 없음
임시(臨時) : 미리 정하지 아니하고 그때그때 필요에 따라 정한 것

고상(高尙) : (인품이나 학문 취미 따위가) 정도가 높으며 품위가 있음
저열(低劣) : 질이 낮고 용렬함

고의(故意) : 일부러 하는 생각이나 태도
과실(過失) : 부주의나 태만 따위에서 비롯된 잘못이나 허물. 과오(過誤)

고정(固定) : 일정한 곳이나 상태에서 변하지 아니함
유동(流動) : (사람이나 형세 따위가) 이리저리 옮겨 다니거나 변천함

공유(共有) : (두 사람 이상이 한 물건을) 공동으로 소유함
전유(專有) : 독차지함. 독점(獨占)

교묘(巧妙) : 1. 솜씨나 재치가 있고 약삭빠름 2. 매우 잘되고 묘함
졸렬(拙劣) : 서투르고 보잘 것 없음. 정도가 낮고 나쁨

근면(勤勉) : 부지런히 일하며 힘씀
태타(怠惰) : 몹시 게으름

기립(起立) : 일어섬
착석(着席) : 자리에 앉음

┌ 내우(內憂) : 나라 안이나 조직 내부의 걱정스러운 사태. 내환(內患)
└ 외환(外患) : 외적이 침범해 오는 근심

┌ 득의(得意) : 일이 뜻대로 이루어져 만족해하거나 뽐냄
└ 실의(失意) : 뜻이나 의욕을 잃음

┌ 명목(名目) : 1. 겉으로 내세우는 이름 2. 구실이나 이유
└ 실질(實質) : 실제 본바탕

┌ 모두(冒頭) : 이야기나 글의 첫머리
└ 말미(末尾) : 글이나 책의 끝부분

┌ 모방(模倣) : 다른 것을 본뜸
└ 창조(創造) : 전에 없던 것을 처음으로 만듦

┌ 문어(文語) : 1. 문자 언어 2. 일상 언어에는 쓰이지 않고 주로 글에서 쓰이는 말
└ 구어(口語) : 글에서만 쓰는 말이 아닌, 일상 대화에서 쓰는 말

┌ 반제(返濟) : 빌렸던 돈을 모두 갚음
└ 차용(借用) : 돈이나 물건을 빌려서 씀

┌ 보수(保守) : 변화나 새로운 것을 받아들이기보다는 전통적인 것을 옹호하고 유지하려 함
└ 혁신(革新) : 관습, 방법, 조직, 풍습 따위를 고치거나 버리고 새롭게 함

┌ 번망(繁忙) : 번거롭고 매우 바쁨
└ 한산(閑散) : 일이 없어 한가함

┌ 삭제(削除) : 지워버림. 깎아서 없앰
└ 첨가(添加) : 이미 있는 것에 덧붙이거나 보탬

┌ 산문(散文) : 글자의 수나 운율에 구애됨이 없이 자유롭게 쓴 보통의 문장
└ 운문(韻文) : 언어의 배열에 일정한 운율을 가진 글

┌ 산재(散在) : 여기저기 흩어져 있음
└ 밀집(密集) : 빽빽하게 모임

┌ 쇄국(鎖國) : 외국과의 교통이나 무역을 막음
└ 개국(開國) : 외국과 처음으로 국교를 시작함

┌ 심야(深夜) : 깊은 밤
└ 백주(白晝) : 대낮

┌ 암시(暗示) : 넌지시 알림. 또는 그 알린 내용
└ 명시(明示) : 분명하게 가리킴

┌ 영전(榮轉) : 전보다 더 좋은 자리나 직위로 옮김
└ 좌천(左遷) : 낮은 지위나 직위로 떨어지거나 외직으로 전근됨

┌ 완비(完備) : 완전히 갖추어짐
└ 불비(不備) : 제대로 갖추지 못함

┌ 완화(緩和) : 긴장된 상태가 급박한 것을 느슨하게 함
└ 긴축(緊縮) : 바짝 줄임. 재정상의 기초를 단단하게 하기 위하여 지출을 줄임

┌ 왕복(往復) : 갔다가 돌아옴
└ 편도(片道) : 오고 가는 길 가운데 어느 한쪽. 또는 그 길

┌ 외연(外延) : 주어진 개념이 지시하는 사물의 적용 범위
└ 내포(內包) : 어떤 개념의 내용이 되는 여러 속성

┌ 원격(遠隔) : 멀리 떨어져 있음
└ 근접(近接) : 가까이 다가감

┌ 원리(原理) : 사물이나 사상의 근본이 되는 이치
└ 응용(應用) : 이론이나 지식을 구체적인 사례나 다른 분야의 일에 적용하여 이용함

┌ 원양(遠洋) : 뭍에서 멀리 떨어진 넓은 바다
└ 근해(近海) : 육지에 가까운 바다

┌ 유실(遺失) : 가진 물건을 잃어버림
└ 습득(拾得) : 물건을 주워서 얻음

┌ 유약(柔弱) : 몸이나 마음이 약하여 무슨 일에 잘 견디어 내지 못함
└ 강건(剛健) : 성품이 꿋꿋하여 굽히지 아니함

┌ 융기(隆起) : 높이 일어나거나 들뜸. 또는 그 부분
└ 함몰(陷沒) : 1. 모두 빠짐 2. 결판이 나서 없어짐 또는 결판을 내서 없앰

┌ 융해(融解) : 녹아 풀어짐
└ 응고(凝固) : 엉기어 굳어짐

┌ 이질(異質) : 성질이 다름. 또는 다른 성질
└ 동질(同質) : 성질이 같음. 또는 같은 성질

┌ 자유(自由) : 남에게 구속받거나 얽매이지 않고 제 마음대로 행동함
└ 속박(束縛) : 몸을 자유롭지 못하게 얽매임

┌ 절대(絕對) : 1. 상대하여 비교될 만한 것이 없음 2. 아무런 제한을 받지 아니함
└ 상대(相對) : 1. 서로 마주 대함. 또는 그런 대상 2. 서로 겨룸. 또는 그런 대상

┌ 정설(精說) : 이미 확정된 학설. 또는 일반적으로 옳다고 인정되고 있는 설
└ 이설(異說) : 세상에 통용되는 설과는 다른 주장이나 의견

┌ 촉진(促進) : 재촉하여 빨리 진행하도록 함
└ 억제(抑制) : 왕성하여지거나 일어나지 못하도록 억누름

┌ 취임(就任) : 맡은 자리에 처음으로 일하러 나아감
└ 사임(辭任) : 직책을 그만두고 물러남

┌ 통일(統一) : 나누어진 것들을 모아 하나의 완전한 것으로 만듦
└ 분열(分裂) : 하나가 여럿으로 갈라짐

┌ 해금(解禁) : 금지하였던 것을 풂
└ 금지(禁止) : 어떤 행위를 하지 못하게 함

┌ 혹평(酷評) : 가혹하게 비평함
└ 절찬(絶讚) : 지극한 칭찬

┌ 활용(活用) : 도구나 물건을 충분히 잘 이용함
└ 사장(死藏) : 사물을 필요한 곳에 활용하지 않고 썩혀 둠

┌ 획득(獲得) : 얻어 내거나 얻어 가짐
└ 상실(喪失) : 1. 어떤 것이 아주 없어지거나 사라짐 2. 어떤 사람과의 관계가 끊어짐

┌ 횡단(橫斷) : 가로로 끊음
└ 종단(縱斷) : 세로로 끊음

┌ 희박(稀薄) : 일의 가망이 없음
└ 농후(濃厚) : 그럴 가능성이나 요소 따위가 다분히 있음

## 3. 나이를 나타내는 말

| | | |
|---|---|---|
| 2~3세 | 해제(孩提) | 어린아이 |
| 15세 | 지학(志學) | 15세가 되어야 학문에 뜻을 둔다는 뜻 |
| 20세 | 약관(弱冠) | 남자는 스무 살에 관례(冠禮)를 치러 성인이 된다는 뜻 |
| 30세 | 이립(而立) | 서른 살쯤에 가정과 사회에서 모든 기반을 닦는다는 뜻 |
| 40세 | 불혹(不惑) | 공자가 마흔 살이 되어서야 세상일에 미혹함이 없었다고 한 데서 나온 말 |
| 50세 | 지천명(知天命) | 쉰 살에 드디어 천명을 알게 된다는 뜻 |
| 60세 | 이순, 육순<br>(耳順, 六旬) | '이순'은 논어에서 나온 말로 나이 예순에는 생각하는 모든 것이 원만하여 무슨 일이든 들으면 곧 이해가 된다는 뜻. '육순'이란 열(旬)이 여섯(六)이란 말이고 육십갑자(六十甲子)를 모두 누리는 마지막 나이를 의미 |
| 61세 | 환갑, 회갑<br>(還甲, 回甲) | 60갑자를 다 지내고 다시 낳은 해의 간지가 돌아왔다는 의미 |
| 62세 | 진갑(進甲) | 다시 60갑자가 펼쳐져 진행된다는 의미 |
| 66세 | 미수(美壽) | 현대 직장들은 만 65세를 정년으로 하기 때문에 66세는 모든 사회활동이 성취되어 은퇴하는 나이이면서도 아직은 여력이 있어 참으로 아름다운 나이라는 의미에서 '미수'라 한다. '美' 자는 六十六을 뒤집어 쓰고 바로 쓴 자이어서 그렇게 이름 붙였다. |
| 70세 | 고희·칠순·종심<br>(古稀·七旬·從心) | 고래(古來)로 드문 나이란 뜻으로, 두보의 〈곡강시(曲江詩)〉에 나오는 말이다. 또한 뜻대로 행하여도 도(道)에 어긋나지 않았다고 한 데서 '종심'이라고도 한다. |
| 77세 | 희수(喜壽) | 오래 살아 기쁘다는 뜻. 희(喜) 자를 약자로 쓰면 칠십칠(七十七)이 되는 데서 유래 |
| 80세 | 팔순·산수<br>(八旬·傘壽) | 산(傘) 자의 약자가 팔(八)을 위에 쓰고 십(十)을 밑에 쓰는 것에서 유래 |
| 88세 | 미수(米壽) | 미(米) 자를 풀면 팔십팔(八十八)이 되는 것에서 유래 |
| 90세 | 졸수(卒壽) | 졸(卒)의 속자(俗字)가 아홉 구(九) 자 밑에 열 십(十) 자를 사용하는 데서 유래 |
| 99세 | 백수(白壽) | 백(百, 100)에서 일(一)을 빼면 9세, 즉 백자(白字)가 되는 데서 유래 |
| 100세 | 상수(上壽) | 사람의 수명을 상·중·하로 나누어 볼 때 최상의 수명이라는 뜻 |

## 4. 주요 고유어

| 가납사니 | 되잖은 소리로 자꾸 지껄이는 수다스러운 사람 |
|---|---|
| 가멸다 | 재산이 많고 살림이 넉넉하다. |
| 가뭇없다 | (사라져서) 찾을 길이 없다. |
| 갈무리 | 1. 물건을 잘 정돈하여 간수함  2. 마무리 |
| 갈음하다 | 다른 것으로 바꾸어 대신하다. |
| 감바리 | 이익을 노리고 남보다 먼저 약빠르게 달라붙는 사람 |
| 감사납다 | 휘어잡기 힘들게 억세고 사납다. |
| 겅성드뭇하다 | 많은 수효가 듬성듬성 흩어져 있다. |
| 게저분한 | 너절하고 지저분하다. |
| 고깝다 | 섭섭하고 야속하다. |
| 고삭부리 | 음식을 많이 먹지 못하는 사람을 놀리어 이르는 말 |
| 고샅 | 마을의 좁은 골목길 |
| 고즈넉하다 | 고요하고 쓸쓸하다. |
| 곰비임비 | 연거푸, 자꾸자꾸 |
| 곰살궂다 | 성질이 부드럽고 다정스럽다. |
| 곰상스럽다 | 성질이나 행동이 잘고 좀스럽다. |
| 괴괴하다 | 쓸쓸할 정도로 아주 고요하고 잠잠하다. |
| 괴란쩍다 | 보고 듣기에 창피하여 얼굴이 뜨겁다. |
| 괴발개발 | 글씨를 함부로 이리저리 갈겨 써 놓은 모양 |
| 구쁘다 | 먹고 싶어 입맛이 당기다. |
| 길섶 | 길의 가장자리 〈유의어〉 길가 |
| 깜냥 | 스스로 일을 헤아림 또는 헤아릴 수 있는 능력 |
| 끌밋하다 | 미끈하고 시원스럽다. |
| 난바다 | 육지에서 멀리 떨어진 넓은 바다 |
| 너나들이 | 서로 너니 나니 하고 부르며 터놓고 지내는 사이 |
| 너스레 | 남을 놀리려고 늘어놓는 말솜씨 |
| 넉살 | 비위 좋게 언죽번죽 구는 짓 |
| 높새바람 | 동북풍 |
| 느껍다 | 어떤 느낌이 사무치게 일어나다. |
| 늦깎이 | 사리를 남보다 늦게 깨달은 사람 |
| 늦사리 | 철보다 늦게 거둬들이는 농작물 |
| 다붓하다 | 떨어진 사이가 멀지 않다. |

| 달포 | 한 달쯤 된 동안 |
|---|---|
| 대거리 | 상대하여 대듦 |
| 더끔더끔 | 그 위에 더하고 또 더하는 모양 |
| 덧거리 | 사실보다 지나치게 보태서 하는 말 |
| 된바람 | 북풍 |
| 된서리 | 늦가을에 아주 많이 내린 서리 〈반의어〉 무서리 |
| 두남두다 | 편들다. |
| 두벌잠 | 한 번 들었던 잠이 깨었다가 다시 드는 것 |
| 드레 | 사람 됨됨이로서의 점잖음과 무게 |
| 드티다 | 자리가 옮겨져 틈이 생기거나 날짜, 기한 등이 조금씩 연기되다. |
| 드팀전 | 온갖 피륙을 하는 가게 |
| 들머리 | 들어가는 첫머리 |
| 따따부따 | 딱딱한 말로 이러쿵저러쿵 따지는 모양 |
| 뜸직하다 | 겉보기보다는 훨씬 무게 있어 보이다. |
| 마뜩하다 | 마음에 마땅하다. |
| 마수걸이 | 그날 처음으로 물건을 파는 일 |
| 마파람 | 남풍 |
| 만무방 | 막되어 먹은 사람. 예의와 염치가 도무지 없는 사람 |
| 머츰하다 | 잠깐 그치다. |
| 머흘다 | 험하다. |
| 모꼬지 | 여러 사람이 놀이나 잔치 따위로 모이는 일 |
| 모지라지다 | 물건의 끝이 점점 닳아서 없어지다. |
| 몰강스럽다 | 모지락스럽게 못할 짓을 예사로 할 만큼 억세거나 야비하다. |
| 무논 | 물이 있는 논 |
| 무서리 | 처음 내리는 묽은 서리 〈반의어〉 된서리 |
| 묵정이 | 오래 묵은 물건 |
| 미리내 | 은하수 |
| 미쁘다 | 믿음직하다, 미덥다. |
| 미욱하다 | 어리석고 둔하다. |
| 미주알고주알 | 아주 사소한 일까지 속속들이 |
| 민틋하다 | 울퉁불퉁한 곳이 없이 평평하고 미끈하다. |
| 바투 | 거리가 썩 가깝게 |
| 버겁다 | 힘에 겨워 다루거나 치러 내기에 벅차다. |
| 버르집다 | 작은 일을 크게 떠벌리다. |

| 버성기다 | 벌어져서 틈이 있다. |
|---|---|
| 변죽을 울리다 | 바로 말하지 않고 상대가 알아챌 수 있을 정도로 에둘러서 말하다. |
| 북새 | 많은 사람들이 아주 야단스럽게 부산떠는 일 |
| 빙퉁그러지다 | 하는 짓이 비뚜로만 나가다. |
| 빨래말미 | 장마 중에 날이 잠깐 든 사이 |
| 사분사분하다 | 마음씨가 부드럽고 상냥하다. |
| 사위다 | 사그라져 재가 되다. |
| 사위스럽다 | 어쩐지 불길하고 꺼림칙하다. |
| 살갑다 | 1. 겉으로 보기보다는 속이 너르다.<br>2. 부드럽고 상냥스럽다. |
| 섬돌 | 집채의 앞뒤에 오르내리기 위하여 만든 돌층계 |
| 성기다 | 공간적으로 사이가 뜨다. 〈유의어〉 성글다 |
| 소소리바람 | 이른 봄의 맵고 스산한 바람 |
| 손방 | 도무지 할 줄 모르는 솜씨 |
| 손사래 | 어떤 말을 부인하거나 조용하기를 요구할 때에 손을 펴서 내젓는 짓 |
| 손씻이 | 남의 수고에 대하여 보답하는 뜻으로 적은 물품을 줌 |
| 숫사람 | 순진한 사람 |
| 슴벅이다 | 눈을 감았다 떴다 하다. |
| 시나브로 | 모르는 사이에 조금씩 조금씩 〈유의어〉 야금야금 |
| 시쁘다 | 마음에 차지 않아 시들하다. 대수롭지 아니하다. |
| 실팍하다 | (사람이나 물건이) 보기에 옹골차고 다부지다. |
| 쌩이질 | 뜻밖에 생기는 방해 |
| 아귀차다 | 마음이 굳세어 남에게 잘 꺾이지 아니하다. |
| 애물 | 몹시 속을 태우는 사람이나 물건 |
| 애오라지 | 좀 부족하나마 겨우. 한갓. 오로지 |
| 앵돌아지다 | 1. 틀려서 획 돌아가다.<br>2. 마음이 노여워서 토라지다. |
| 어깃장 | 짐짓 어기대는 행동 |
| 어름 | 두 물건이 맞닿은 자리 |
| 에누리 | 1. 물건값을 받을 값보다 더 많이 부르는 것  2. 값을 깎는 일  3. 실제보다 더 보태거나 깎음 |
| 여울 | 강이나 바다에 바닥이 얕거나 너비가 좁아서 물살이 세게 흐르는 곳 |
| 오달지다 | 야무지고 실속이 있다. |
| 오롯이 | 1. 고요하고 쓸쓸하게. 호젓하게  2. 오로지. 온전히 |

| 우련하다 | (형태나 빛깔이) 보일 듯 말 듯 희미하고 엷다. |
| --- | --- |
| 우세스럽다 | 남에게 비웃음을 받을 만하다. |
| 울력 | 여러 사람이 힘을 합하여 기세 좋게 하는 일, 또는 그 힘 |
| 웅숭그리다 | 춥거나 두려워서 몸을 몹시 웅그리다. |
| 을씨년스럽다 | 보기에 쓸쓸하다. |
| 을러메다 | 우격다짐으로 으르다. 〈유의어〉 을러대다 |
| 의뭉하다 | 겉으로는 어리석은 것 같으나 속은 엉큼하다. |
| 이슥하다 | 밤이 꽤 깊다. |
| 자리끼 | 잘 때 마시려고 머리맡에 준비해 두는 물 |
| 잠투정 | 어린애가 잠을 자려고 할 때나, 잠이 깨었을 때에 떼를 쓰고 우는 것 |
| 잡도리 | (잘못되지 않도록) 엄중하게 단속함 |
| 조촐하다 | 꽤 아담하고 깨끗하다. |
| 짐짓 | 일부러 |
| 찌그렁이 | 남에게 무리하게 떼를 쓰는 짓 |
| 책상물림 | 세상 물정에 어두운 사람 |
| 천량 | 살림살이에 드는 돈과 양식 |
| 치레 | 잘 매만져서 모양을 내는 일 |
| 튼실하다 | 튼튼하고 실하다. |
| 티격나다 | 서로 뜻이 맞지 아니하여 사이가 벌어져 말썽이 생기다. |
| 푸세 | 산과 들에 저절로 나서 자라는 풀 |
| 푼더분하다 | 생김새가 두툼하고 탐스럽다. |
| 푼푼하다 | 여유가 있을 정도로 넉넉하다. |
| 하늬바람 | 서풍 |
| 하릴없이 | 어찌할 도리 없이 |
| 함초롬하다 | 가지런하고 곱다. |
| 해거름 | 해가 질 무렵 〈준말〉 해름 |
| 허방다리 | 함정 |
| 화수분 | 재물이 자꾸 생겨서 아무리 써도 줄지 않음 |
| 희떱다 | 속은 비어 있어도 겉으로는 호화롭다. |

## 5. 주제별 사자성어

| | |
|---|---|
| 가혹한 정치 | 民生塗炭(민생도탄), 塗炭之苦(도탄지고), 苛政猛於虎(가정맹어호) |
| 은혜를 잊지 못함 | 刻骨難忘(각골난망), 白骨難忘(백골난망), 結草報恩(결초보은) |
| 융통성이 없음 | 守株待兔(수주대토), 膠柱鼓瑟(교주고슬), 尾生之信(미생지신), 刻舟求劍(각주구검) |
| 온갖 고생을 함 | 千辛萬苦(천신만고), 千苦萬難(천고만난), 艱難苦楚(간난고초), 艱難辛苦(간난신고) |
| 평범한 사람들 | 張三李四(장삼이사), 匹夫匹婦(필부필부), 樵童汲婦(초동급부), 甲男乙女(갑남을녀) |
| 자기 합리화 | 我田引水(아전인수), 穿鑿之學(천착지학), 牽强附會(견강부회) |
| 화합할 수 없는 사이 | 氷炭之間(빙탄지간), 氷炭不相容(빙탄불상용), 水火相剋(수화상극), 犬猿之間(견원지간), 不俱戴天之讐(불구대천지수) |
| 제3자가 이익을 얻음 | 漁父之利(어부지리), 犬兔之爭(견토지쟁), 蚌鷸之爭(방휼지쟁) |
| 절세의 미인 | 傾國之美(경국지미), 傾城之色(경성지색), 傾城之美(경성지미), 丹脣皓齒(단순호치), 明眸皓齒(명모호치), 絶世美人(절세미인), 月下美人(월하미인), 花容月態(화용월태), 絶世佳人(절세가인) |
| 외로운 처지 | 孤立無依(고립무의), 孤立無援(고립무원), 四顧無親(사고무친), 孤城落日(고성낙일) |
| 태평한 시절 | 鼓腹擊壤(고복격양), 擊壤歌(격양가), 太平聖代(태평성대), 比屋可封(비옥가봉), 含哺鼓腹(함포고복), 康衢煙月(강구연월) |
| 일시적인 계책 | 姑息之計(고식지계), 臨時變通(임시변통), 臨機應變(임기응변), 彌縫策(미봉책), 下石上臺(하석상대), 凍足放尿(동족방뇨), 掩耳盜鈴(엄이도령) |
| 혼자서는 안 됨 | 孤掌難鳴(고장난명), 獨掌難鳴(독장난명), 獨不將軍(독불장군), 獨木不成林(독목불성림) |
| 혈족끼리 서로 다툼 | 同族相殘(동족상잔), 自中之亂(자중지란), 骨肉相爭(골육상쟁) |
| 절친한 친구 | 水魚之交(수어지교), 管鮑之交(관포지교), 金蘭之契(금란지계), 莫逆之友(막역지우), 刎頸之交(문경지교), 斷金之交(단금지교), 竹馬之友(죽마지우), 竹馬故友(죽마고우), 竹馬舊誼(죽마구의), 葱竹之交(총죽지교), 肝膽相照(간담상조), 金石之交(금석지교), 伯牙絶絃(백아절현), 知音(지음) |
| 학문·재주가 갑자기 늘어남 | 刮目相對(괄목상대), 日就月將(일취월장), 日將月就(일장월취), 日進月步(일진월보), 日新又日新(일신우일신) |
| 뛰어난 존재 | 白眉(백미), 泰山北斗(태산북두, 泰斗), 囊中之錐(낭중지추), 鐵中錚錚(철중쟁쟁), 間世之材(간세지재), 群鷄一鶴(군계일학) |

| | |
|---|---|
| 환경의 영향을<br>입게 됨 | 堂狗風月(당구풍월), 近墨者黑(근묵자흑), 麻中之蓬(마중지봉),<br>脣亡齒寒(순망치한), 南橘北枳(남귤북지) |
| 우열을 가리기 힘듦 | 難兄難弟(난형난제), 大同小異(대동소이), 伯仲之勢(백중지세),<br>五十步百步(오십보백보) |
| 위급한 형세 | 累卵之危(누란지위), 風前燈火(풍전등화), 危機一髮(위기일발),<br>命在頃刻(명재경각), 百尺竿頭(백척간두), 焦眉之急(초미지급),<br>危急存亡之秋(위급존망지추), 累卵之勢(누란지세), 如履薄氷(여리박빙) |
| 분수를 모르고<br>덤빔 | 螳螂之斧(당랑지부), 螳螂拒轍(당랑거철), 以卵投石(이란투석),<br>一日之狗不知畏虎(일일지구부지외호) |
| 충신 · 인재 | 柱石之臣(주석지신), 犬馬之忠(견마지충), 棟梁之材(동량지재),<br>社稷之臣(사직지신) |
| 일이 잘못된 뒤<br>후회함 | 晩時之歎(만시지탄), 亡羊補牢(망양보뢰), 十日之菊(십일지국),<br>死後藥方文(사후약방문), 死後淸心丸(사후청심환), 雨後送傘(우후송산) |
| 겉과 속이 다름 | 口蜜腹劍(구밀복검), 面從腹背(면종복배), 面從後言(면종후언),<br>羊頭狗肉(양두구육), 勸上搖木(권상요목), 表裏不同(표리부동) |
| 아무리 애써도 뜻을<br>이루기 어려움 | 百年河淸(백년하청), 千年一淸(천년일청), 漢江投石(한강투석),<br>不知何歲月(부지하세월) |
| 실패에 굴하지 않음 | 不撓不屈(불요불굴), 百折不撓(백절불요), 七顚八起(칠전팔기),<br>百折不掘(백절불굴) |
| 매우 곤란한 처지 | 進退兩難(진퇴양난), 四面楚歌(사면초가), 山盡水窮(산진수궁) |
| 몹시 가난함 | 赤手空拳(적수공권), 赤貧如洗(적빈여세) |
| 세상이 크게 변함 | 滄桑之變(창상지변), 變化無雙(변화무쌍), 天旋地轉(천선지전),<br>桑田碧海(상전벽해) |
| 고향을 잊지 못함 | 思鄕之心(사향지심), 狐死首丘(호사수구), 越鳥巢南枝(월조소남지),<br>首丘初心(수구초심) |
| 학문에 전념함 | 自强不息(자강불식), 發憤忘食(발분망식), 手不釋卷(수불석권),<br>螢窓雪案(형창설안), 切磋琢磨(절차탁마), 韋編三絶(위편삼절),<br>晝耕夜讀(주경야독) |
| 작은 것이 모여 큰<br>힘이 됨 | 塵合泰山(진합태산), 土積成山(토적성산), 十匙一飯(십시일반),<br>積羽沈舟(적우침주), 積小成多(적소성다) |
| 매우 오만함 | 傍若無人(방약무인), 傲慢不遜(오만불손), 傲慢無道(오만무도),<br>傲慢無禮(오만무례), 妄自尊大(망자존대), 眼下無人(안하무인) |
| 아주 무식함 | 一字無識(일자무식), 魚魯不辨(어로불변), 盲者丹靑(맹자단청),<br>目不識丁(목불식정) |
| 불가능한 일 | 乾木水生(건목수생), 指天射魚(지천사어), 陸地行船(육지행선),<br>緣木求魚(연목구어) |

| 마음이 서로 통함 | 不立文字(불립문자), 教外別傳(교외별전), 拈華微笑(염화미소), 拈華示衆(염화시중), 心心相印(심심상인), 以心傳心(이심전심) |
|---|---|
| 한바탕의 헛된 꿈 | 盧生之夢(노생지몽), 邯鄲枕(한단침), 邯鄲之夢(한단지몽), 黃粱夢(황량몽), 一炊之夢(일취지몽), 一場春夢(일장춘몽) |
| 누군가를 잊지 못하고 그리워함 | 輾轉反側(전전반측), 輾轉不寐(전전불매), 寤寐不忘(오매불망) |
| 견문이 좁음 | 坐井觀天(좌정관천), 管見(관견), 井中觀天(정중관천), 管中之天(관중지천), 井底之蛙(정저지와) |
| 자주 바뀌어 일관 성이 없음 | 高麗公事三日(고려공사삼일), 作心三日(작심삼일), 朝變夕改(조변석개), 朝夕之變(조석지변), 朝令暮改(조령모개) |
| 미미한 존재, 또는 매우 작음 | 九牛一毛(구우일모), 滄海一粟(창해일속), 大海一滴(대해일적) |
| 자연을 몹시 사랑함 | 煙霞痼疾(연하고질), 泉石膏肓(천석고황) |
| 부모에 대한 효도 | 昏定晨省(혼전신성), 冬溫夏淸(동온하정), 望雲之情(망운지정), 風樹之歎(풍수지탄), 班衣之戲(반의지희), 老萊之戲(노래지희), 反哺之孝(반포지효), 昊天罔極(호천망극) |
| 제자가 스승보다 뛰어남 | 靑出於藍而靑於藍(청출어람이청어람), 後生可畏(후생가외) |

# SK하이닉스

봉투모의고사